보여주는 몸,
느끼는 몸

무용 부상의 예방

보여주는 몸,
느끼는 몸

무용 부상의 예방

김경희 지음

Displaying Body,
Sensing Body
Dance Injury Prevention

성균관대학교
출판부

머리말

정녕, '팔자(八字)걸음'이 예뻐 보이십니까? 잘못된 걸음입니다. 일명, "out-toed gait" 즉, 발을 바깥쪽으로 벌리고 걷는 '외족지 보행'입니다. 이는, 의학적으로는, 다른 여러 가지 원인들이 있겠지만, 주로 고관절이 골반의 정상적인 위치에서 이탈하였기 때문에 발생한, 즉, '골반 틀어짐'으로 인한, **비정상적** 걸음 형태입니다. 비장애인들에게는, 임신을 하였을 때, 복부 비만일 경우에 이러한 걸음이 관찰됩니다만…, 왜 이러한 팔자걸음이 발레 무용수들의 전형적인 걸음이 되어 버렸는지 매우 우려스럽습니다.

팔자걸음은 '희극 발레'에서, 어떤 인물을 희화화할 때 보여주었던 보행 동작이었습니다. 유명한 희극배우인 찰리 채플린의 걸음도 이러했죠… 한국의

전통 춤이나 민속놀이에서는, "거드름을 피우는" 양반의 걸음으로 주로
보여주었고, 어떤 한국 드라마에서는 조폭이나, 혹은 건달(?)의 걸음걸이로
묘사되었던 걸음 형태입니다.

"턴 아웃(turn-out)" 때문이라고요? 아닙니다! 고관절에서 정상적인 운동 가동
범위 내에서 turn-out을 한다면 절대 팔자걸음이 되지 않습니다! 이렇게, 구전으로
내려와서 맹목적으로 인식되어진 발레 연습으로 인해 우리 학생들은
"무용 부상"으로 내몰리고 있습니다. 어떻게, 신입생들 전원이 무용부상의 경험이
있거나, 아직도 아프다고 합니까? 제 마음이 더 아픕니다… 제가 이 책을 쓰게 된
이유입니다.

자신의 기량만을 보여주려고 하지 마십시오. 보여주려고 하는 몸은 별로
느끼지를 못합니다. 대체 무엇을 보여주겠다고 자신의 몸을 그토록 학대합니까?
대신에, 느끼십시오.

우리의 몸은 아픈 것을 싫어합니다. 우리 몸이 아프다고(pain) 신호를 보낼 때,
즉각적으로 자신의 몸을 꼼꼼히 살펴보고, 생각해 보십시오. 이 연구는, 여러분의
통증 원인을 함께 찾아보고 더 큰 부상으로 이어질 확률을 낮추기 위함입니다.

"부모는 앞서가는 이가 아니라, 먼저 가본 길을 알려주는 이다." 라고 하였듯이,
선생(先生)도 마찬가지입니다. 부모가 자식이 위험한 길을 가지 않도록 알려
주듯이, 저 역시, 학생들이 저처럼 아프지 않기를 바라는 마음입니다. 그래도
무지막지하게 연습해 보고 싶으면 그렇게 하십시오. 단, 조금이라도 통증을 느끼게
되면 즉각 멈추고, 뒤를 돌아보십시오.

"편법"은 "법"이 아닙니다. 도대체 무엇을 보여주려고 이토록 "반칙"을
하십니까? "원칙"이 아닙니다. 위로 쭉쭉 뻗어나가는 대나무도 약 5년 정도 뿌리를
튼튼하게 내린다고 합니다. 道(도)를 세운 다음에 術(술)이 뒤따라야 합니다.
기본도 없이 기술만을 배우려 하지 마십시오. 부상의 지름길입니다.

우리 학생들이 부상당하지 않고 행복하게 춤추기를 바랍니다. 아는 것이
"예방"입니다. 전해내려오는 수련법에 맹목적으로 의존하며 답습하지 마십시오!

(사실확인 해보셨습니까?) 더 이상, 우리 학생들이 '무용부상'으로 내몰리는 일이 없어야 합니다. 보여주기 전에 먼저, 느끼십시오!

그런데, 느끼려고 하니 "몸"보다 "마음"이 더 다쳐 있다는 것을 알게 되었습니다… 남보다 더 잘해야 한다는 치열한 경쟁 속에서, 지나친 다이어트로 인해 학생들은 몸뿐만 아니라 "마음"이 이미 너~~무 지쳐 있다는 것을 알게 되었습니다. "정신적(심리적) 부상"입니다.

이 책은 오직 "신체적 부상"만을 다루고 있습니다만, "몸"이 "마음"이고, "마음"이 곧 "몸"입니다. 여러분의 "몸"을 부상으로부터 예방할 수만 있다면, "마음" 역시 편해질 수 있다고 생각합니다.

"The best way to control your emotions is to take control of your body."

-Tony Robbin-

"Use your mind to awaken your body.
Move your body to sharpen your mind."

-Martha Eddy-

자신의 몸 관리가 최선의 마음 관리입니다. 절대, 다치지 마십시오. 한번 다치게 되면 100% 완치는 어렵습니다. 혹시라도 무용부상의 경험이 있다면, 또다시 다치는 일이 없도록 하십시오. 자신의 "몸"을 아끼십시오.

이 책은 우리 학생들이 나에게 내준 과제물입니다.

이 책이 여러분의 무용부상 재발방지에 도움이 되길 간절히 바랍니다.

2023년 10월

김경희 씀

감사의 글

우선, 나에게 이 과제를 내준 우리 학생들에게 고마운 마음을 전한다. 내가 그동안 얼마나 큰 사랑을 받고 살았는지…

특히, 초창기에 소매틱을 극도로 거부했던 몇몇 학생들에게 진심으로 고맙게 생각한다. 덕분에 나는 더욱더 성찰할 수 있게 되었다. 가르쳐 주고 싶은 욕심만 앞섰지, 학생들에게 다가가는 접근 방법에 서툴렀다. 아직도, 여전히 서툴지만, 나를 믿고 함께 공부하고 있는 우리 학생들이 고맙고 자랑스럽다.

나를 '미련 곰탱이'라며 걱정해 주시는 ○○○교수님의 믿음 덕분으로 용기 잃지 않고 여기까지 올 수 있었다. 진심으로 감사드린다!

학과 일을 책임져 주시는 김나이 교수님 덕분으로 집필에 몰두할 수 있었다. 고마운 마음뿐이다.

그리고 타이핑 작업을 해준 장수진, 점점 더 일러스트레이션 실력이 좋아지고 있는 김수혜에게 진심으로 고마운 마음을 전한다. 이번에도 수고해 주신 성균관대학교 출판부의 신철호 선생님의 노고에 깊은 감사의 마음을 전한다.

이 모든 여정을 하늘나라에서 지켜보고 계시는 나의 엄마에게 이 책을 바친다.

"고맙습니다!"

Contents

I. 무릎 부상(Knee Injuries)

II. 발목과 발 부상(Injuries of Ankle and Foot)

Ⅲ. 엉덩관절(고관절) 부상(Hip Injuries)

Ⅳ. 허리(요추) 부상과 목(경추) 부상(Injuries of Lumbar spine and Cervical spine)

V. 어깨 부상(Shoulder Injuries))

부록

무릎 부상
Knee Injuries

Q1: 무용수, 특히 발레 무용수들에게서 흔히 관찰되는 세 가지 대표적 무릎 기형(deformity)은 무엇이며, 그 원인은 무엇입니까?

Q2: 이로 인해, 무용수들은 어떠한 부상을 당할 수 있으며, 무릎 부상 예방을 위한 주요 근력 운동은 무엇입니까?

1. 굴곡(flexion)
2. 신전(extension)
3. 외회전(external rotation)
4. 내회전(internal rotation)

Q1.
무용수, 특히 발레 무용수들에게서 흔히 관찰되는 세 가지 대표적 무릎 기형(deformity)은 무엇이며, 그 원인은 무엇입니까?

첫째, 과신전(Sway-back knees)

과신전(Sway-back knees)

✚ 원인

무릎의 이러한 변형(과신전)은 무용수들이 지나치게 무릎을 펴도록 지도를 받고 있기 때문이다. 그러나 무릎의 정상 폄(extension) 범위는 '0°'이다. 그러함에도 불구하고, 발레 교사들이 무릎을 과도하게, 더, 더, 더~~~ 펴라고 강요하는 이유는 무엇일까?

그것은 잘못 인식되어진 '발레의 미(美)' 때문이다. 언제부터인가, 발레 무용수들의 무릎이 뒤로 밀리는 것이 관찰되었다. 나의 다리도 무릎이 상당히 '과신전(hyper-extension)' 되었었다(과거완료형). 그때에는 '과신전'된 다리를 'X자 다리'라고 부르며, 모두들 나의 과신전 된 다리를 부러워했었다… 사실, 나는 심하게 과신전 된 다리 덕분(?)에 실기 전공을 한국무용에서 발레로 전과하였다. 나의 스승이신 임성남 선생님께서는 예원학교에 한국무용 전공으로 입학한 나에게, "너의 다리는 치마 속에 가려져서는 안 되는 다리(!)"라고 하시면서 나의 다리를 "동양에서는 보기 드문 다리"라고 추켜 세우시면서 몹시 귀하게 여기셨다. 이러한 착각과 오해는 그 후로 오~~래도록, 내가 고관절 수술을 받기 전까지, 지속되었다.

심지어, 몇 년 전에 들은 얘기로는 어느 발레학원에서는 어린 학생들을 앉혀 놓고 발쪽을 높이 두고, 무릎을 억지로 누르게 하여 무릎을 뒤로 밀어버리는(과신전 시키는) 무지(無知)를 서슴치 않고 행한다고 들었다. 그 학생은 결국에 무릎이 너무 아파 수술까지 받았으며 수술 후로는 더 이상 발레를 할 수 없게 되었다고 한다.

제발 이렇게 하지 마십시오!

어떤 자료에서는(Simmel, p. 107), "발레 무용수들이 약 10°의 무릎 신전(extension)을 목표로 한다"라고 한다. **그러나** 약 10°의 무릎 신전은 대퇴사두근(quadriceps)이 어떠한 기능을 하지 않았을 때, 다시 말해 대퇴사두근의 근력이 약화된 경우에 가능하다(Hoppenfeld, p. 188). 대퇴사두근이 제 기능을 하였을 때, 하늘이 허락한 정상 범위는 "0°"임을 잊지 말아야 한다. 혹, 무릎 뒤의 인대가 이미 늘어난 경우에는 약간의 과신전이 될 수 있지만, 이는 부상으로 이어질 확률이 매우 높다.

둘째, 내반슬, 혹은 O자 다리(Bowed legs)

내반슬, 혹은 O자 다리(Bowed legs)

✚ 원인

내반슬은 신생아 때에나, 혹은 '구루병'이 있는 경우, 아니면 골연화증 등 뼈에 문제가 생긴 노인에게서나 관찰되는 O자 다리이다. 그런데, 왜 발레 무용수들에게?

발레 무용수들의 다리가 이와 같이 활처럼 휘는 데에는 몇 가지 이유가 있겠지만, 가장 심각한 이유는 약해진 내전근(adductors) 때문이다. 내전근(adductors)의 주요 기능은 두 다리를 신체의 중앙선으로 모으는 일이다. 그렇다면, 왜 내전근이 약해졌을까? 이는, 잘못 인식되어진 turn-out exercises 때문이다.

예를 들어, 개구리 스트레치이다.

이와 같은 개구리 스트레치는 turn-out에 전혀 도움이 되지 않습니다! (Autere, p. 181).

발레 연습실에서 흔히 볼 수 있는 학생들의 스트레치 장면이다. 개구리 스트레치를 하고 있는 학생들에 묻는다. "왜 그렇게 스트레치를 하나요?" 학생들은 자신만만하게 대답한다. "turn-out을 잘하려구요!" **그런데**, 다리를 turn-out 시키는 근육들은 우리들의 엉덩이 뒤쪽에 있는 매우 짧은 근육들, 6개의 'hip rotators'이다. 학생들은 개구리 자세로, adductors만을 늘리고, 또 늘리고 하며, 아예 느슨하게 만들어, 매우 약하게 만들고 있는 것이다. 결국에는 '기능장애'로 만든다. 그렇기 때문에, 발레 무용수들의 다리가 점차적으로 'O'자 다리가 되어가고 있는 것이다.

나 역시, 어린 시절, 국립발레단 시절, 그 후로도 쭈~우~욱, 'turn-out'을 한답시고, 양쪽으로 다리 벌려 엎드려 있고, 심지어는 누구더러 뒤에서 힘주어 눌러달라고 부탁까지 하였다. 부탁할 사람이 없으면, 아예 등대고 누워서 벽에다가 다리를 벌려놓고 낮잠까지 자곤 하였다. 이토록 무지할 수가 있는가!!! 오랫동안 재활 운동을 하고 있지만, 나의 내전근은 아직까지도 제 기능을 하지 못하고 있다.

이렇게 하시면 아니되옵니다!

셋째, 외반슬, 혹은 X자 다리, 안짱다리(Knock knees)

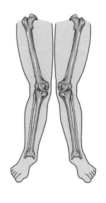

외반슬, 혹은 X자 다리, 안짱다리(Knock knees)

✚ 원인

　외반슬은 정상적인 성장 과정에서 내반슬 이후, 3~4세 정도에 나타나는 X자
형의 다리 모양인데, 어찌하여 발레 무용수들에게서 흔히 관찰되는 다리 모양이
되었을까? 이 또한, 여러 가지 이유가 있겠지만 가장 심각한 원인은 엉덩이 근육의

상실과 지나치게 긴장되어 있는 엉덩이 근육이다.

엉덩이 근육의 주요 기능들 중, 무릎에 관련된 기능은 주로 중둔근(gluteus medius)과 소둔근(gluteus minimus)이 맡고 있다. 이 근육들 덕분에 무릎이 안정성 있게 제 위치에 있으며, 제 기능을 발휘할 수 있는 것이다. 그런데, 과거 우리들은 어떻게 연습을 하였던가???

엉덩이에 힘을 주고, 또 주고, 심지어는 안으로 말아 넣고, 급기야는 척추의 요추 커브를 아예 없애버리려는, 즉 척추를 일자로 만들려는 만행(蠻行)을 서슴치 않고 하지 않았던가? 나 역시 그렇게 무지하게 연습하였었고, 그렇게 지도하였었다. 내가 과거 옛날 제자들에게 진심으로 미안해하는 부분이다. 내가 이 책을 쓰는 이유이기도 하다!

이렇게 하시면 **절대** 아니되옵니다!(어리석었던 나의 지난 시절)

고백하건대, 나는 내 몸에 엉덩이가 나와 있다는 것이 너무 싫었었다. "이 엉덩이가 없으면 다리가 얼마나 더 길어 보일까?"라는 생각으로 집어넣고, 또 집어넣으려고 온갖 노력을 다하였다. 스스로 엉덩이 근육을 과도하게 긴장시키고,

그 기능을 말살시켜버렸다고 해도 과언이 아니다.

요즈음은⋯, 거울 속에 비친 나의 옆모습(특히, 엉덩이)을 보면 절망이다! 시간을 되돌릴 수도 없고⋯ 말살되어버린, 거의 기억을 상실해버린, 엉덩이 근육 때문에 나의 무릎은 과신전에 X자 다리가 되었던 것이다. 아! 그래서 난 달리기도 못하였고, 점프 동작이 그토록 힘들었었나 보다. 당시에는 이러한 무릎을 기형이라 생각하지 않았었고 발레 무용수들이 선망하는 무릎이라고 생각하였다는 점이 몹시 부끄럽다. 아직도 그러한 생각을 하는 학생들이 있다는 것이 더더욱 염려스럽다.

Q2.
이로 인해, 무용수들은 어떠한 부상을 당할 수 있으며, 무릎 부상 예방을 위한 주요 근력 운동은 무엇입니까?

　　이렇게 잘못된 연습이 반복되어 변형이 생기기 시작하면, 무릎에서는 지속적으로 이상 신호를 보낸다: "무릎이 아파요!", "무릎이 부었어요!", "움직일 때마다 툭, 툭, 무슨 소리가 나요!", "무릎이 잘 안 구부려져요!", "병원에 가봤더니, 무릎에 물이 찼다고 해서, 물을 빼냈어요." 등등…

　　무릎에서 보내는 신호도 무척이나 다양하고, 심지어는 애절하기까지 하다. 그런데, 무용수들은, 혹은 학습자들은, 이를 참고, 또 참으며, 이를 꽉 물고 그 무지한 연습 과정을 참아낸다.

 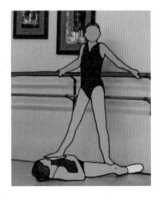

참아야 하느니라! 참는 자에게 복이 있나니!(이러시면 안 됩니다!)

어떤 발레 교사는 무릎 통증을 호소하는 학생들에게, "아픈 거 모른 척해!"라고 윽박지른다. 오래전 나의 눈앞에서 벌어진 장면이다. 이에 충격받은 나는, "아~~! 주역 무용수가 되려면 저렇게 독해야 하나 보다!"라고 생각하였으며, 이를 따라 해보려고까지 했던 기억이 난다… 얼마나 어리석었는지 모르겠다. 통증을 견디다 못해 무릎은 '곡(哭) 소리'를 내며 무릎인대(knee ligament), 혹은 반월판(meniscus)이 찢어지고야 만다. 발레 교육이 정말 이래야 하는가!!!

무릎을 안정화시키는 인대는 4종류로, 전방 십자인대, 후방 십자인대, 내측 측부인대, 외측 측부인대가 있다.

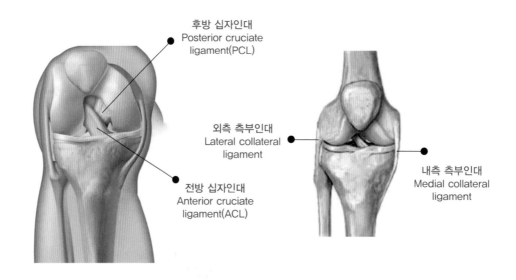

(오른쪽 무릎) 앞면에서 본 그림

십자인대(cruciate ligaments);
전방(anterior) & 후방(posterior)

측부인대(collateral ligaments);
내측(medial) & 외측(lateral)

그리고, 대퇴골(femur)과 경골(tibia)의 충격을 완화시켜주고, 무릎의 과신전을 제한해주는 반월판(내측과 외측)이 있다.

(외측) Lateral meniscus   (내측) Medial meniscus

(오른쪽 무릎) 위에서 본 그림
반월판(meniscus): 내측(medial) & 외측(lateral)

무용수들의 무릎 부상에는 다른 여러 가지가 있겠지만, 전방 십자인대와 내측 측부인대, 그리고 내측 반월판이 동시에 파열되는 것이 가장 심각한 부상이다.

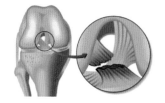 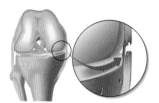 

(오른쪽 무릎) 앞면에서 본 그림   (오른쪽 무릎) 위에서 본 그림

전방 십자인대 파열   내측 측부인대 파열   내측 반월판 파열

도대체, 무슨 동작을, 어떻게 연습했기에, 그 질긴 인대와 연골이 찢어졌는지???

사실, 우리 몸은 정렬을 잘 맞추고, 하늘이 허락한 정상 범위 내에서 움직여만 준다면 자신이 원하는 만큼 오래오래 건강하게 춤출 수 있다. 그렇다면, 기능적으로 무릎 관절에서는 어떤 움직임이 가능하며, 그 움직임의 정상 가동 범위는 어느 정도인가? 또한, 그 움직임을 주도하는 주된 근육들은 무엇인가?

1. 굴곡(flexion)

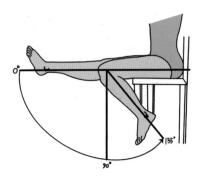

왼쪽 무릎의 굴곡 (flexion)

굴곡(flexion)은 대퇴골과 경골 사이에서 대퇴후근(hamstring)과 중력에 의한 작용으로 일어나는 동작이며, 정상 가동 범위는 약 135°이다.

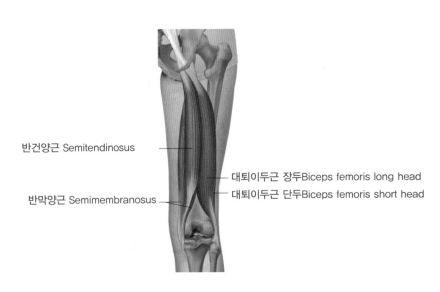

반건양근 Semitendinosus

대퇴이두근 장두Biceps femoris long head
대퇴이두근 단두Biceps femoris short head

반막양근 Semimembranosus

(오른쪽 다리, 뒷면에서 본 사진)

대퇴후근(hamstring)

대퇴후근은 무릎 굴곡(flexion)의 주동근으로, 좌골 결절(sit bone)에서 시작하여

경골(tibia)과 비골(fibula)로 연결된다. 즉, 대퇴후근의 수축으로 아랫다리를 둔부 쪽으로 무릎 관절을 굴곡시킬 수 있다.

2. 신전(extension)

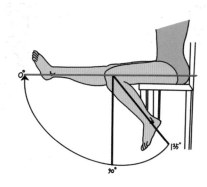

왼쪽 무릎의 신전 (extension)

신전(extension)은 대퇴골과 경골 사이에서 대퇴사두근(quadriceps)에 의한 작용으로 일어나는 동작이며, 정상 가동범위는 0°이다.

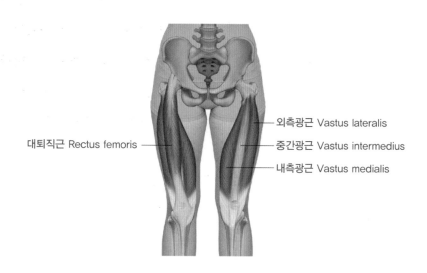

(앞면에서 본 그림)

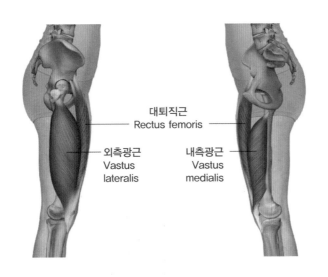

(오른쪽 다리 외측에서 본 그림)　　　　　　(오른쪽 다리 내측에서 본 그림)

대퇴사두근(quadriceps)

　　대퇴사두근은 무릎 신전(extension)의 주동근으로, 4개 근육의 기시점은 약간씩 다르지만, 대퇴사두근의 수축으로 무릎 관절을 신전시킬 수 있다. 무릎 관절이 완전히 신전할 수 있는 정상 범위는 '0°'이지만, **대퇴사두근의 근력이 약화된 경우, 혹은 대퇴사두근에서 완전히 힘을 뺀 경우에는 약 10° 정도 과신전이 가능하다.** 그·러·나 이런 경우에는 무릎부상으로 이어질 가능성이 매우 높다는 것을 잊지 말아야 한다. 또한, 무릎의 과신전을 제한해 주는 반월판에 무리가 가게 되므로 쉽게 손상을 당하게 된다.

　　무릎 관절에서의 신전 운동은 "Roll – Slide – Screw(구르고 – 미끄러지고 – 나사돌림)" 움직임으로 안정성 있게 무릎을 펼 수 있다.

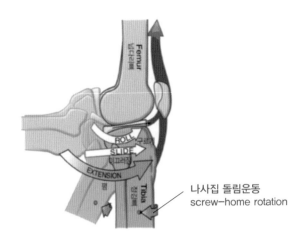

넙다리뼈(femur)에 대한 정강이뼈(tibia)의 신전(폄)

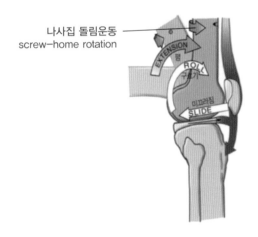

정강이뼈(tibia)에 대한 넙다리뼈(femur)의 신전(폄)

위 사진에서 볼 수 있듯이, 무릎에서의 신전(폄)은 마지막 단계인 "나사돌림(screw)" 움직임으로 마무리된다. 이는 무릎이 펴 있는 상태를 안정성 있게 유지하기 위함이다. 우리가 병뚜껑을 꼭 닫는 원리와 같은 이치이다. 지나치게 병뚜껑을 돌려버리면, 병뚜껑이 헛돌 듯이, "나사돌림(screw)" 움직임을 너무 과하게 하면 무릎 주변의 인대는 손상된다.

3. 외회전(external rotation)

외회전(external rotation)

외회전(external rotation)은 대퇴골과 경골 사이에서, 대퇴후근 중 대퇴이두근 (biceps femoris)의 작용과 경골 위에 위치한 반월판의 미묘한 움직임과 함께 일어나는 동작으로, 반드시 무릎이 **구부러져** 있을 때에만 외회전이 가능하며, 정상 가동 범위는 약 10° 정도이다.

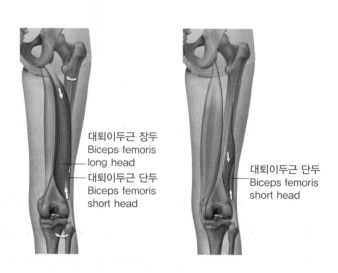

대퇴이두근 장두
Biceps femoris
long head
대퇴이두근 단두
Biceps femoris
short head

대퇴이두근 단두
Biceps femoris
short head

(오른쪽 다리, 뒷면에서 본 사진)

대퇴이두근(biceps femoris)

대퇴이두근은 무릎이 구부러져 있을 때에, 외회전(external rotation)을 담당하는
주동근으로, 좌골 결절(sit bone)에서 시작하여 비골(fibula)에 연결되어 있다.
혹시라도, 연습실에서 "무릎을 turn-out 시켜!"라고, 1번 포지션으로 서 있는
학생에게 지시를 하면 안 됩니다! 학생들 역시, 서 있는 자세에서 무릎을 바깥으로
돌리려는 노력을 하지 마십시오! 인간의 노력으로 할 수 있는 동작이 아닙니다!!!

4. 내회전(internal rotation)

내회전(internal rotation)

내회전(internal rotation)은 대퇴골과 경골 사이에서, 봉공근(sartorius), 박근
(gracilis), 그리고 대퇴후근 중 반막양근(semi-membranosus), 반건양근(semi-
tendinosus)의 작용과 경골 위에 위치한 반월판의 미묘한 움직임과 함께 일어나는
동작으로, 외회전과 마찬가지로, 반드시 무릎이 **구부러져** 있을 때에만 가능하며,
정상 가동 범위 또한 약 10° 정도이다.

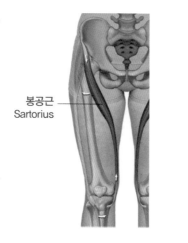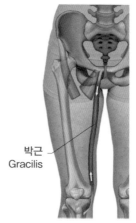

봉공근
Sartorius

박근
Gracilis

(앞면에서 본 그림)

봉공근(sartorius)   박근(gracilis)

이와 같이 무릎 관절에서의 움직임을 살펴보았을 때, 무릎 부상의 주원인은
지나치게 욕심을 부려 무릎을 펴려고 하는 '과신전'과 서 있는 자세에서도 무릎을
턴 아웃, 즉 '외회전'시키려는 무지한 노력 덕분(?)이다.

그렇다면, 무릎 부상을 예방하기 위해서는 무조건 늘리고, 턴 아웃하려고 하지
말고, 우선, 근육의 힘을 강화시켜야 한다. 근육 이완(stretching)과 근육 강화
(strengthening)는 그 목적과 이유가 다르다.

무용을 할 때, 물론 일상생활에서의, 무릎의 움직임은 주로 굴곡(flexion)과 신전
(extension)이다. 굴곡을 할 때의 주동근인 대퇴후근(hamstring)과 신전을 할 때의
주동근인 대퇴사두근(quadriceps)의 근력만이라도 강화시킨다면 심각한 무릎 부상은
예방할 수 있으리라 판단된다. 이 두 가지 근육을 강화시키는 근력 운동들이
무수히 많이 있겠지만, 나는 우선 연습 전에, 무용 스튜디오에서도 할 수 있는
스쿼트(Squat)와 월시트(Wall Sit)를 추천한다.

스쿼트(Squat)

스쿼트(Squat)는 웨이트 트레이닝의 가장 대표적인 운동 중 하나로, 우선, 발을 양옆으로 어깨 넓이 보다 약간 넓게 벌린 자세로, 고관절부터 구부리면서(hinge) 무릎을 구부렸다 폈다 하며, 앉았다 일어났다를 반복하는 동작으로, 무릎을 구부릴 때(flexion)는 '대퇴후근(hamsrting)'을 무릎을 펼 때(extension)는 '대퇴사두근 (quadriceps)'에 집중하며 반복한다.

이 동작을 할 때는 발바닥의 세 족점(그림 참조)에 무게가 균등하게 지면을 누르고 있다는 느낌을 유지하면서 하는 것이 매우 중요하다. 보다 강조를 한다면, 발바닥의 세 족점에서 지면으로 마치, 나사를 돌려서 발바닥을 지면에 고정시키듯이, 그러한 느낌으로 발바닥을 누르고 있어야 한다. 그렇게 하여야 안정성이 확보되며, 안정성이 보장되어야 운동성도 증가한다.(이때에도 발바닥의 아취가 무너져서는 절대 안 된다!) 그렇게 하여야, 강화시키고자 목표로 삼은 근육의 감각을 인지할 수 있게 되어 근력의 힘을 "효율적으로" 증진시킬 수 있게 된다. (보너스로, 엉덩이 근육의 근력도 좋아진다!)

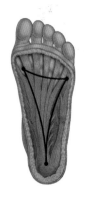

발바닥의 세 족점(tripod of the foot)

이 운동 역시 잘 못하게 되면, 오히려, 안 하느니 못하기 때문에, 처음 실시할 때에는 전문가의 도움이 반드시 필요하다. 특히 우리 무용수들에게는 처음부터 무거운 중량을 들고 반복 횟수를 늘리는 것보다 속도를 조절하며, 바른 자세에서 근육의 단축성 수축(concentric contraction)과 신장성 수축(eccentric contraction)을 느끼는 것(sensing)이 중요하다. 또한, 동작을 보여주며, 반복 횟수를 많이 하는 것이 중요한 것이 아니라, 학습자가 자신의 근육을 얼마나 느끼면서 수행하느냐가 더 중요하다.

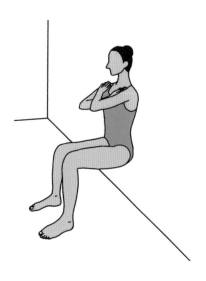

월 시트(Wall Sit)

    근육의 수축 운동에는 단축성(concentric)과 신장성(eccentric)만이 있는 것이 아니고, 등척성(isometric) 운동이 있다. 대퇴사두근과 대퇴후두근의 등척성 (isometric) 운동으로는 월 시트(Wall sit), 즉 벽에 기대어 앉아 있는 자세로 버티는 동작을 추천한다. 이 운동은 다른 여러 가지 근육들이 통합적으로 작용을 하겠지만, 이 역시 학습자가 발바닥 세 족점을 균등하게 지면을 누르면서 목표로 삼은 근육들에 집중을 하면서 동작을 하면 더욱 효과적이다.

발목과 발 부상
Injuries of Ankle and Foot

Q1: 무용수들에게서 흔히 관찰되는 발목과
발가락에서의 변형은 무엇이 있으며, 그 원인은
무엇입니까?

Q2: 이로 인해, 무용수들에게 일어날 수 있는 부상은
어떤 것이 있으며, 예방책은 무엇입니까?

A: 족 관절(ankle joint)에서의 운동
  1. 배측 굴곡(Dorsi flexion)
  2. 족저 굴곡(Plantar flexion)

B: 거골하 관절(subtalar joint)에서의 운동

C: 종족 관절(mid-tarsal joint)에서의 운동

Q1.

무용수들에게서 흔히 관찰되는 발목과 발가락에서의 변형은 무엇이 있으며, 그 원인은 무엇입니까?

첫째, 엎침된 발, 또는 아킬레스건의 이탈

(Foot pronated, or deviated Achilles Tendon)

정상(normal)　　　　　엎침된 발(foot pronated)

✚ 원인

발목에서의 이러한 변형은 턴 아웃(turn-out)을 "발에서부터 하라!"고 하는 잘못된 지시어(명령어?) 때문이다.

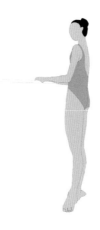

이렇게 하시면 안 됩니다!

거듭 강조하지만, 턴 아웃(turn-out)은 고관절 외회전근(hip rotators)의 정상 가동 범위 내에서 시작하여, 무릎과 발목은 그 정렬에 맞추고 발바닥은 그대로 편안하게 지면에 닿아 있으면 된다. 억지로 발바닥을 외회전시키려는 노력을 하면 절대 안 된다.

고관절과 무릎이 고정된 상태에서 발바닥만을 턴 아웃시키려는 이러한 무지한 노력 덕분에(?), 학습자의 발목 정렬은 무너지고 만다. 다시 말해 거골(talus)과 주상골(navicular)이 점차적으로 내측 족저 방향으로 이동하게 되어 거골두(talar head)와 주상골 결절(navicular tubercle)이 돌출하게 된다.

거골두는 내측 족저 방향으로 이동한다.

따라서, 이를 연결하고 있는 스프링 인대(spring ligament)와 후경골근건(tibialis posterior tendon)이 늘어나서 내측의 종아취(longitudinal arch)는 소실하게 되는 것이다.

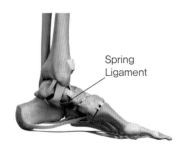

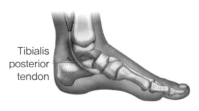

스프링 인대(spring ligament)　　　　후경골근건(tibialis posterior tendon)

뿐만 아니라, 발의 종아취(longitudinal arch)가 무너지고, 심지어는 횡아취 (transverse arch)마저 무너지게 된다.

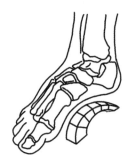

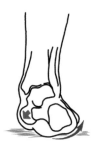

(오른쪽 발목 뒷면에서 본 그림)

정상적인 종아취(longitudinal arch)　　　무너진 종아취(longitudinal arch)

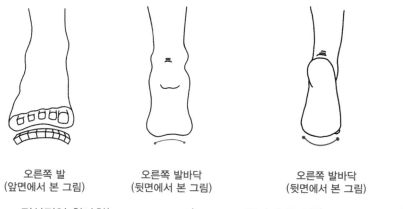

오른쪽 발	오른쪽 발바닥	오른쪽 발바닥
(앞면에서 본 그림)	(뒷면에서 본 그림)	(뒷면에서 본 그림)
정상적인 횡아취(transverse arch)		무너진 횡아취(transverse arch)

무너진 아취(arch) 위에서 추는 춤은 얼마나 위태로울까? 생각만 해도 아찔하다. 발의 아취(arch)가 무너지면, 발에 체중을 싣고 춤추는 우리의 몸이 무너지는 것은 시간문제다!

둘째: 갈퀴 발가락(claw toes), 혹은 망치 발가락(hammer toe)

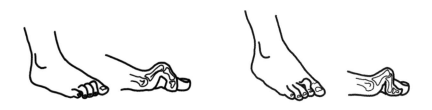

갈퀴 발가락	망치 발가락
(일반적으로, 모든 발가락에 생길 수 있다.)	(주로, 둘째 발가락에 생길 수 있다.)

✚ 원인

우리의 발가락은, 선천적인 기형이 아니라면, 오른쪽 5개, 왼쪽 5개, 모두 10개가 곧고 편평해야 하며, 오른쪽과 왼쪽 개개의 발가락 굵기도 균형 있게 서로

같아야 한다. 또한, 10개의 발톱 모두 위쪽(천장)을 향해 있어야 한다.

그런데, 무용수들의 발가락은 어떠한가? 프로 무용수가 아니더라도, 우리 학생들의 발가락만 보아도 처참할 따름이다! 오래전, 어느 유명 발레리나의 발가락 사진이 공개된 이후로는, 발가락 주변과 발바닥에 형성된 '못(callosities)'과 '티눈(corn)'을 무슨 훈장처럼 생각하는 학생들이 생겨나기 시작하였다… 심지어, 그런 훈장들이 없는 깔끔한 발은 발레를 잘 못하는, 열심히 하지 않는 무용수로 취급당하는 실정이 되었다.

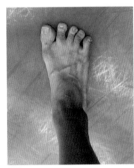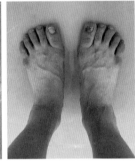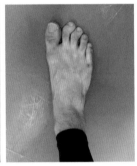

변형된 발, 발, 발, … (개인자료)

정상적으로 체중을 싣고 있는 발가락이라면, 지면에 편평하게, 그리고 똑바로 뻗어 있어야 한다. 그러나, 잘못된 연습 과정에서, 학생들은 발목만을 턴 아웃한 상태에서, 발바닥의 종아치를 만들라는 명령(지시)을 받게 된다…어쩌라구? 학생들은 발가락을 갈퀴처럼 구부려 지면을 꼬집으며 무리하게, 불안정하게 체중을 발바닥이 아닌, 발가락에 실으며, 강요된 종아치를 만들게 된다. 갈퀴족(요척족: pes cavus)으로 가는 지름길이다!!!

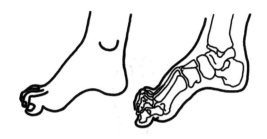

비정상적으로, 억지로 올려진 발의 종아취
[갈퀴족(요척족): pes cavus]

체중은 발바닥의 세 족점에 균등하게 실려야 하며, 이 세 족점을 반드시 '지긋이' 누르고 있어야 한다. 이와 같이 발목과 발가락에 가해진 비정상적이고 불균형한 체중 부하를 견디며 반복적으로 연습을 하게 되면 주변 인대가 늘어나고, 찢어지는 등, 손상을 입게 될 수밖에 없다.

체중이 실리는 발바닥의 세 족점(tripod of the foot)

셋째: 무지외반(Hallux Valgus)

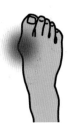

무지외반

✚ 원인

이 또한, 발목에서의 무리한 외회전(턴 아웃)으로 엄지발가락에 지나친 압박이 가해진 것이 주원인이며, 또 다른 이유로는 발가락을 쪼이는 슈즈, 특히 포인트 슈즈(point-shoes)나 버선(한국무용일 경우)을 착용하여 오랜 시간 연습을 하기 때문이다.

꽉 조이는 포인트 슈즈(point-shoes)를
신고 있는 모습

꽉 조이는 버선을
신고 있는 모습

심지어, 어떤 학생들은 토슈즈를 신고 엄지발가락에, 힘을 더 보내려고 더욱더 압박을 가한다. 발목에서 "fish-tail"을 만들려고 함이다.

언제부터인가, 학생들의 arabesque 라인에서 발목을 바깥쪽으로 꺾어 올려 발끝(특히, 새끼발가락)이 위로 치켜 올려진 일명, 'fish-tail' 발목이 관찰되기 시작하였다. **발목 부상의 주원인이다!**

서서 엄지발가락에 압박을 가하고 있는 모습   거짓(가짜) 아라베스크 라인

이렇게 하시면 안 됩니다!

심지어는, 이러한 가짜 아라베스크 라인을 '발레 최고의 미(美)'라고 굳게 믿고, 이를 위해 애쓰고 있다고 한다. 누구를 위해, 무엇을 위해 그들은 종을 울리고 있는 걸까?

왜? 갑자기 이러한 발목(발끝)이 아름답게 보여지기 시작했는지 모르겠다. 요즈음, 학생들에게 물어보면, 서양의 유명 발레리나 발의 높은 아취(arch)가 못내 부러운 나머지, 그 발목(발끝) 모양을 **흉내 내려다가** 하나의 트렌드, 혹은 테크닉처럼 자리 잡게 되지 않았나(?) 하는 생각이 든다고 한다.(SNS의 잘못된 정보가 문제이다!)

다시 한번 강조하지만, 이러한 발끝은 '가짜 포인트', 즉, 서양에서는 "관객을 속이는 아라베스크 라인(cheating-on-the audience-arabesque line)"이라고 한다(Autere, p. 225). 언제까지, 자신을 속이고, 심사위원을 속이고, 관객을 기만하는 아라베스크를 고집할 것인가!

이는 발목 정렬이 잘못된 포인트 자세이며, 잘못된 포인트로 반복 연습을 하게 되면 다리에 변형이 생기고, 그 다음에는 부상이고, 병원행(行!)이다.

Q2.
이로 인해, 무용수들에게 일어날 수 있는 부상은 어떤 것이 있으며, 예방책은 무엇입니까?

비뚤어진 발목으로 인대가 늘어난 상태에서, 그리고 정렬이 맞지 않은 발가락이 제대로 숨조차 쉴 수 없는 꽉 조이는 발레 슈즈(특히, 포인트 슈즈), 혹은 버선 속에서 반복되는 연습으로 무용수들의 발목과 발가락은 점점 더 피폐해져 간다.

어떤 학생들은 일부러 자신의 발보다 더 작은 사이즈의 슈즈를 신는다고 하는데… 왜 그렇게 하는지는 정말 모르겠다!

이렇게 안 좋은 상황 속에서, 무용수들의 발(발목)은 붓고, 아프고, 염증이 생기고, 발목이 삐고, 아킬레스건염, 족저 근막염, 스트레스 골절(?), 심지어는 뒤꿈치에서 뼛조각이 돌아다닌다고 한다… 무용수들의 증상은 너무나 다양하고, 내가 어렸을 때에는 들어보지도 못했던 생소한 병명들이 어린 무용수들을 힘들게 한다.

발등을 지나치게 돋보이려고 하는 무자비한 노력(일명, '발목 뿌셔') 덕분에(?) 발목 관절에서의 전거비 인대(anterior talo-fibular ligament)와 종비 인대(calcaneo-fibular ligament)가 결국에는 찢어지게 된다.

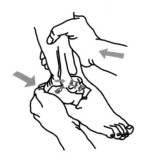 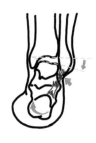

찢어진 전거비 인대

(오른발 뒷면에서 본 그림)
찢어진 종비 인대

　'전거비 인대'는 거골(talus)이 앞으로 미끄러지지 못하도록 방지하는 임무가
있다. 왜냐하면, 거골이 앞으로 빠지게(탈구) 되면 발목이 불안정하게 되기
때문이다. 그러함에도 불구하고, 발레리나들은 발등이 조금이라도 더 튀어나오게
(high-arch) **보이도록** 하기 위하여 발등을 누르고, 또 누르며 발목을 뿌시고야 만다!
그리고는 얼음이 들어 있는 아이스박스에 발목을 담갔다가, 다시 꺼내
'발목 뿌셔'를 한다고 하는데… 우째 이런 일이…

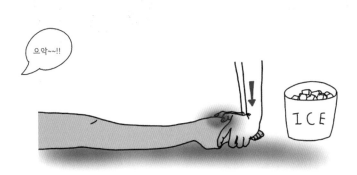

〈오늘이 그날이다!〉
발등을 누르고 또 누르는 모습(일명, "발목 뿌셔!")

정말, 이렇게 해도 되는 겁니까?

이렇게 해서 늘어나 버린 '전거비 인대' 때문에 뒤꿈치와 비골(fibular)을
연결하고 있는 '종비 인대'마저 '툭' 찢어지고 만다. 'fish-tail'을 하지 말아야 하는
이유이다.

그렇다면 발에서는 어떠한 움직임이 가능한가?
A: 족 관절(ankle joint)에서의 운동
B: 거골하 관절(sub-talar joint)에서의 운동
C: 종족 관절(mid-tarsal joint)에서의 운동으로 구분된다.

A: 족 관절(ankle joint)에서의 운동

1. 배측 굴곡(Dorsi flexion)

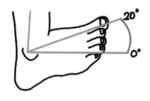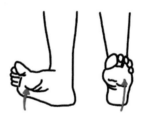

배측 굴곡이란 발을 발등 쪽으로 구부리는 동작을 말하며, 무용수들에게는
"Flex your feet."라는 동작이다. 정상 가동 범위는 약 20°인데, 발레
무용수들에게는 사실 이 각도가 나오지 않는다! 지나치게 "Point" 운동만을 하기
때문이다. 주동근은 전경골근(tibialis anterior)이다.

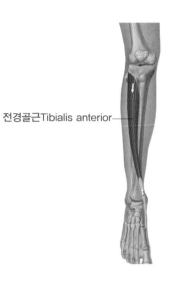

전경골근(tibialis anterior)

전경골근(tibialis anterior)은 걸을 때, 달릴 때, 혹은 공을 찰 때 발목 관절의 안정성을 유지해 주는 역할을 한다. 이 근육들이 약화되면, 발끝을 지면에 끌면서 걷게 되며, 걸을 때 뒤꿈치가 지면에 닿은 후에 발이 힘없이 털썩 떨어지게 된다.

(전경골근의 약화로 인해 신발 끝을 지면에 질질 끌면서 걷는다.)

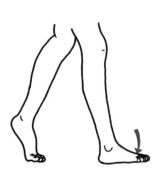

(전경골근의 약화로 인해 앞으로 디딘 발이 힘없이 '툭' 떨어진다.)

보행에도 문제가 있는 이런 발목으로 어찌 무용을 할 수 있겠는가? 그런데도
아랑곳하지 않고 높은 발등을 보이고 싶어 아직까지도 '발목 뿌셔'를 하며,
전경골근(tibialis anterior)을 늘어뜨리고 있다…

2. 족저 굴곡(Plantar flexion)

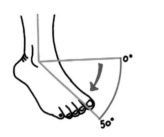 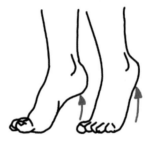

relevé up

족저 굴곡이란 발이 아래쪽을 향해 내려가는 동작을 말하며, 무용수들에게는
"Point your feet.", 한국말 지시어로는 "발끝을 뾰족하게!"이다. (잘못된
지시어이다.) 사실, 족저 굴곡을 함으로써 'relevé-up'이나, 발끝으로 서는 'point-
work'가 가능해진다.

우리의 일상생활에서는 "까치발(?)", 혹은 자동차의 페달을 밟을 때 일어나는
발목에서의 굴곡 운동으로 이해하면 된다. 정상 가동 범위는 약 50° 정도인데, 어떤
발레 무용수들은 거의 90°에 육박하며, 심지어 그들은 이에 자부심을 드러내
보인다. 90° 각도에 못 미치는 어린 발레리나들은 이 각도를 **보여주기 위해** 오늘도,
내일도 인대가 찢어지는 고통을 감내하며 안간힘을 쓴다.

그러나 족저 굴곡을 위한 주동근은 비장근(soleus), 비복근(gastrocnemius), 족척근
(plantaris), 그리고 장무지굴곡근(Flexor Hallucis Longus)이다.

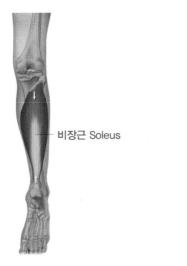

비장근(soleus)   비복근(gastrocnemius)

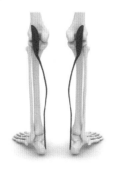   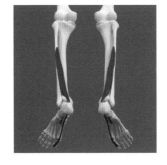

족척근(plantaris)   장무지굴곡근(Flexor Hallucis Longus)
                      ; 발레 무용수들이 가장 많이 손상을 입는 근육

이 근육들이 정렬이 맞지 않는 상태에서 반복 연습을 할 경우, 발목은 자주 삐게
되며, 결국에는 큰 부상으로 이어진다. 그러함에도 불구하고 발레 무용수들은
'high arch'를 보여주기 위해 정작 단련시켜야 할 근육 강화 운동은 하지 않고 온갖
고통을 감내하며, 발목(특히, 거골) 주변의 인대와 전경골근(tibialis anterior) 근육만을
늘리고, 또 늘리고 있다.

심지어는 발가락을, 온 힘을 다해, 오그리는 노력을 하는 학생들도 목격된다. '발끝을 뾰족하게!' 하라는 잘못된 지시어 때문이다. 발끝을 뾰족하게 하는 동작은 족저 굴곡과는 아무 상관이 없다… 발끝은 그저 쭉~~ 펴고 있으면 된다!

족 관절에서의 배측 굴곡(dorsi flexion)과 족저 굴곡(plantar flexion)은 경골(tibia)과 비골(fibula), 그리고 거골(talus) 사이에서 일어나는 Roll & Slide 움직임이다.

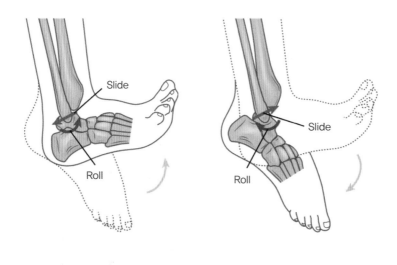

배측 굴곡 시의 Roll & Slide   족저 굴곡 시의 Roll & Slide

위의 사진에서 볼 수 있듯이, 족 관절에서는 그 어떤 rotation의 움직임이 가능하지 않다. 오직, Roll & Slide의 움직임만이 가능할 뿐이다. 무용수 특히, 발레 무용수 여러분! 발목에서의 'turn-out'은 '**절대 불가**' 합니다!!!(해서는 안 됩니다!!!)

B: 거골하 관절(sub-talar joint)에서의 내반(Inversion)과 외반(Eversion)

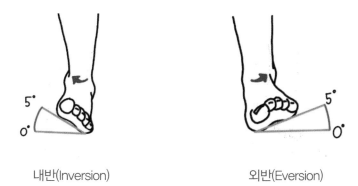

내반(Inversion)   외반(Eversion)

이 움직임은 경골(tibia) 하단이 고정된 상태에서, 뒤꿈치가 내반(inversion)과 외반(eversion)을 하는 운동으로, 발이 울퉁불퉁한 지면을 디뎌도 제 기능을 할 수 있도록 조절해 준다. 발바닥은 안쪽으로 5° 정도, 바깥쪽으로 5° 정도 기울어질 수 있다.

이 운동은 웬만큼 험한 길을 걷거나 뛰어도 크게 다치지 않도록 하늘이 주신 선물 같은, 웬만한 지진을 견딜 수 있도록 내진(耐震) 설계 기능을 갖춘 움직임이다. 이 움직임 역시 정상 범위 이상으로 지나치게 내반과 외반을 시키면 뒤꿈치 주변의 인대는 늘어나서 제 기능을 할 수가 없게 된다.

C: 종족 관절(mid-tarsal joint)에서의 전족부 내전(Fore-foot adduction)과 전족부 외전(Fore-foot abduction)

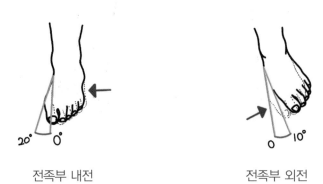

전족부 내전   전족부 외전

뒤꿈치가 고정되어 있을 때 전족부(Fore-foot)는 내측으로 약 20° 정도, 외측으로 약 10° 정도 움직인다. 비록, 족 관절이 고정되어 있다 하더라도 거골 하단부터는 어느 정도 움직일 수 있다는 점에 주목하여야 한다. 다시 말해 족 관절에서의 움직임은 오직 배측 굴곡(dorsi flexion)과 족저 굴곡(plantar flexion)뿐이지만, 거골 하단부터는 내반과 외반, 전족부 내전과 전족부 외전이 가능하다.

이러한 움직임은 분리해서 움직일 수도 있지만, 대부분 전족부 내전을 동반한 내반, 즉 회외(supination)와 전족부 외전을 동반한 외반, 즉 회내(pronation) 운동을 하게 된다. 무용수들, 특히 발레 무용수들의 발목에서는 회내의 움직임이 많이 관찰된다. 이는, 발목에서 억지로 무리하게 turn-out을 하려고 하여 전족부에서는 외전이 일어나고, 동시에 거골하 관절에서는 외반이 일어났기 때문이다. 다시 한번, 강조하지만, 발목, 즉, 족 관절에서는 접고, 펴는 동작 외에는 그 어떤 rotation도 할 수가 없다.

이와 같이 발에서의 운동은 가동성이 많기 때문에 그 움직임 또한 다양하고, 따라서 부상의 종류도 다양하지만, 족 관절에서의 배측 굴곡과 족저 굴곡을 담당하는 주동근을 강화시킨다면 심각한 부상은 예방할 수 있으리라 판단된다.

발목 강화 운동으로 몇 가지 운동을 소개하면 다음과 같다.

첫 번째, 배측 굴곡(dorsi flexion)을 담당하는 주동근인 전경골근(tibialis anterior) 을 강화시키는, "의자에 앉아서 발등 올리기" 운동이다.

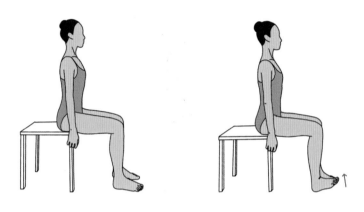

《의자에 앉아서 발등 올리기》

천천히 경골(tibia)과 거골(talus) 사이의 족 관절을 인지하며, 거골을 경골 쪽으로 당긴다. 이때, 전경골근(tibialis anterior)은 단축성 수축(concentric contraction)을 하게 된다. 이와 같이 수축을 시킨 후, 다시 제 위치로 돌아갈 때에는, 마치 가기 싫은데 억지로 가는 듯, 저항을 느끼며 시작 위치로 돌아간다. 이때, 전경골근(tibialis anterior)은 신장성 수축(eccentric contration)을 하게 된다. 반복해서 연습한다.

두 번째, 근력 운동으로는 "뒤꿈치로 앞으로, 뒤로 걷기"이다.

뒤꿈치로 앞으로, 뒤로 걷기

오직 뒤꿈치만 지면에 닿게 하고, 앞으로 걷고, 뒤로 걷는 동작을 반복하면서 전경골근(tibialis anterior)에 집중한다. 잠시, 걸음을 멈추고 정지 상태에서 다시 한번 전경골근(tibialis anterior)을 긴장시킨다. 이렇게 등척성(isometric contraction) 운동을 함으로써 근육을 더욱더 강화시킬 수 있다.

세 번째, 족저 굴곡(Plantar flexion)을 담당하는 비장근(soleus)과 비복근(gastrocnemius)을 강화시키기 위한 "종아리 올리기(Calf Raises)" 운동이다.

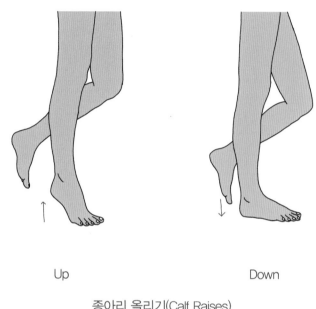

Up   Down

종아리 올리기(Calf Raises)

  종아리 근육(Calf muscles)은 비장근과 비복근으로 구성되어 있는데, 뒤꿈치를 들면서 아킬레스건에 붙어 있는 두 근육들을 위로 올리면서 단축성 수축(concentric contraction)과 뒤꿈치를 내리면서 신장성 수축(eccentric contraction)을 반복하면서 근력 강화를 한다.

  그런데, 대부분의 무용수들은 이 운동을 하면, 소위 말하는 '다리 알통'이 커진다고 생각하여 이 연습을 하기 꺼려 하는 경향이 있는데, 상상만큼 그렇게 근육이 쉽게 커지지 않는다. 이 운동은 발 동작이 많은 발레 무용수들에게는 필수적인 기본 운동이다. 그 밖의 다른 여러 가지 근력 강화 운동들이 무수히 많이 있겠지만, 적어도 위에서 제시한 세 가지 운동만이라도 기본적으로 꾸준히 한다면 발목에서의 큰 심각한(?) 부상은 충분히 예방할 수 있으리라 생각된다.

엉덩관절(고관절)
부상(Hip Injuries)

Q1: 무용수들에게서 관찰되는 고질적인 비정상적
골반 변형은 무엇이며, 그 원인은 무엇입니까?

Q2: 골반 후굴(pelvic posterior tilt)로 인해
무용수들은 어떠한 부상을 당할 수 있는지요?
고관절 부상 예방을 위한 주요 근력 강화 훈련은
무엇입니까?

1. 굴곡(flexion)

2. 신전(extension)

3. 외회전(external rotation)과 내회전(internal rotation)

4. 외전(abduction)과 내전(adduction)

Q1.
무용수들에게서 관찰되는 고질적인 비정상적 골반 변형은 무엇이며, 그 원인은 무엇입니까?

첫째고 둘째고, "골반 후굴"이다.

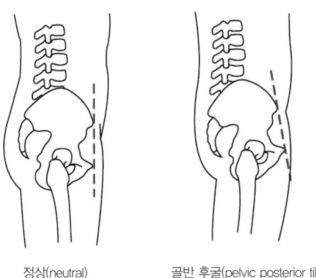

정상(neutral)   골반 후굴(pelvic posterior tilt)

✚ 원인

    원인들 중의 제일 심각한 원인은 '골반 후굴'을 아직도 '비정상'이라고 생각하고 있지 않다는 점이다. 내가 "고질적"이라고 표현한 이유이다.

나는 2016년에 발간된 '대한무용학회논문집(제74권, 5호)'에서 엉덩이를 쪼이는 것은 "용서받지 못할 죄"라고 한 「Inside Ballet Technique」의 저자 Valerie Grieg의 말을 인용하면서(p. 56), 이를 입증할 만한 여러 자료들을 제시하며, 엉덩이를 말아 넣으면 **절대** 안 된다고 거듭거듭 강조를 했건만, 아직도 들리는 말로는 "엉덩이에 보조개가 생기도록 엉덩이에 힘을 주고 안으로 집어넣어!"라고 엄포를 놓는 발레 교사가 있다고 한다…

그렇다면, 이쯤에서 우리가 문제의 엉덩이 근육이 어떻게 생겼는지 꼼꼼히 살펴볼 필요가 있다.

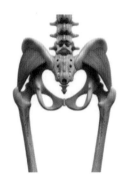 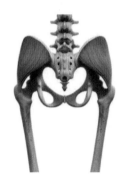 

뒷면에서 본 그림

소둔근(gluteus minimus)　　중둔근(gluteus medius)　　대둔근(gluteus maximus)

사진에서 볼 수 있듯이, 엉덩이의 세 근육은 정지점(insertion)인 대퇴골의 대전자(greater trochanter)에서 장골(ilium)의 뒷면에 위치한 기시점(origin) 방향으로 수축할 수 있도록 근육의 결 모양이 사선 위쪽으로 향해 있다.

근육의 결대로 움직이는 것이 당연하지 않은가? 어찌하여, 무슨 논리로, 사선 위로 향하게끔 설계되어 있는 엉덩이 근육을 아래로, 엉치뼈 안으로 말아 넣으라고 하는 것일까? 왜? 그렇게 하라고 지시하는지 나도 궁금하다! 혹시라도, 과거에 그렇게 하라고 배웠다면, 지금이라도 당장 그만두어야 한다. (엉덩이 근육에 보조개는 생길 수 없다!)

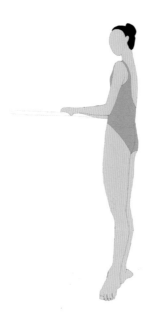

행복 끝, 고생 시작!

왜냐하면, 엉덩이 근육을 반대 방향으로 사용함으로써, 그 고집스러운 힘으로 골반을 뒤로 기울이게 하기 때문이다. 골반이 뒤로 기울어지면서부터(pelvic posterior tilting), 무용수들의 고난의 역사는 시작된다!

그런데, 왜? 엉덩이를 말아서 집어넣으려고 하는가? 여러 가지 생각을 해보았다…

엉덩이가 뒤로 나오면 '오리 궁뎅이'처럼 보일까 봐서 그런가? 아니면, 엉덩이를 집어넣어 납작하게 만들면, 혹시나 다리가 길어 보일까 봐 그런가???

발레 무용수들의 골반 문제를 심각하게 우려하여 출간된 책들과 자료들이 무수히 많다. 특히, Grieg V. (1994)의 「Inside Ballet Technique」, Dowd I. (1981)

의 「Taking Root to Fly」, 그리고 Autere A, (2013)의 「The Feeling Ballet Body」는 내가 즐겨보는 책으로, 발레 무용수들의 서 있는 자세에서부터 동작을 할 때에 어떻게 골반과 주변 인대와 근육을 사용해야 하는지에 대해 자세하게 설명되어 있다. 이 책들 중, 발레 무용수들의 "멋지고, 납작한 엉덩이(nice, thin buttocks)"(Autere, p. 242)를 존경하고 감탄한다며 비아냥거리는 글귀를 보며 무척이나 부끄러웠던 기억이 난다. 아!~~~ 우리 대한민국에서만의 문제가 아니고 서양에서도 마찬가지이구나!!!

그런데, 참으로 이상하다. 나는 1970년, 예원학교에 입학하고(당시, 전공은 한국무용), 임성남 선생님의 권유로 전공을 발레로 바꾸었지만, 처음 발레를 배울 때부터 대학교를 졸업할 때까지 선생님들로부터 "엉덩이를 집어넣어!"라는 지침을 받아본 적이 없다. 이후, 국립발레단에 입단을 하고 나서 어느 지도 위원 중 한 분이 뉴욕에 연수를 다녀온 이후로부터 "엉덩이를 집어넣으라"는 지시를 받게 되었다. 뉴욕에서 발레를 배워본 적이 없었던 우리들(단원들)은 모두가 다 그분의 지시대로 "엉덩이 집어넣기"에 성심을 다하였다. 물론, 그들 중에 제일 열심이었던 무용수가 "나"였다. 몸이 유연하였던 나는 엉덩이를 집어넣으라면 얼마든지 집어넣을 수 있었다. 엉덩이를 집어넣은 채로 못하는 동작이 없었다. 32바퀴 fouetté tour도 거뜬하게 해내었다… (지금 생각해보면, 매우 부끄러운 일이었다!)

서서히, 나의 등 뒤에서는 요추(lumbar)와 천골(sacrum), 그리고 대퇴후근 (hamstring)으로 이어지는 일직선의 수직 라인이 형성되어가고 있었다. 옆에서 보면, 다리가 엄청나게 **길어 보이는** 효과까지 얻게 되었다. 유레카(!)였다. 아! 이래서 엉덩이를 집어넣으라고 했구나! 그런데 문제는 그 이후로부터 나의 고관절 주변에서 아프다고 통증을 호소하기 시작하였다. '고난의 역사'는 엉덩이를 집어넣기 시작하는 순간부터 시작하였던 것이다. 다리를 길게만 **보이려고** 했던, 이것이 '발레의 美'였던가(?), 잘못 인식된 연습 방법으로 나의 대퇴 골두는 서서히 괴사에 이르게 되었던 것이다.

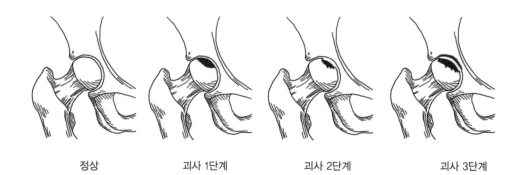

정상　　　　　　괴사 1단계　　　　　　괴사 2단계　　　　　　괴사 3단계

대퇴 골두의 괴사 진행

Q2.
골반 후굴(pelvic posterior tilt)로 인해 무용수들은 어떠한 부상을 당할 수 있는지요? 고관절 부상 예방을 위한 주요 근력 강화훈련은 무엇입니까?

그렇다면, 골반의 정상 기울기는 어느 정도인가? 인간의 골반대(pelvic girdle)는 세 개의 관절로 구성되어 있는데, 첫째; 고관절(hip joint), 둘째; 천장 관절(sacroiliac joint, 일명 SI joint), 그리고 셋째; 치골 결합(pubic symphysis)이다.

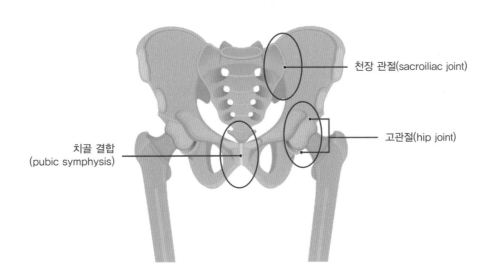

(앞면에서 본 그림)

골반대(pelvic girdle)

이 세 개의 관절들이 서로 조화를 이루며 움직이고 있는 것이다. 이들 중, 어느 하나라도 정렬에서 어긋나면 문제가 생기는 것은 당연하다.

우선, 정면에서 보았을 때, 좌우 골반 양측의 전상 장골극(ASIS: Anterior Superior Iliac Spine)이 같은 높이에서 수평을 이루고 있는지를 확인하여야 한다. 다음에는, 뒷면에서 보았을 때, 둔부 바로 위의 좌우 후상 장골극(PSIS: Posterior Superior Iliac Spine)이 같은 높이의 수평선상에 있는지를 확인하여야 한다. 또한 PSIS는 두 번째 천골(sacrum)(S2)과 연결된 가상의 선상에 있다.

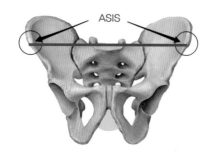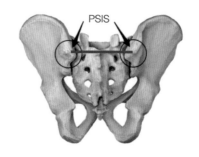

앞면에서 본 사진　　　　　　　　뒷면에서 본 사진

이와 같이 골반이 정상적인 위치에 놓여 있어야 하는데, 심하게 후굴이 되어 있을 경우에는;

첫째, 치골 결절(pubic tubercle)과 대퇴골의 대전자(greater trochanter)의 수평 위치가 맞지 않게 된다.

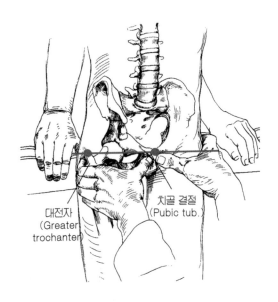

치골 결절(Pubic tub.)

대전자
(Greater
trochanter)

치골 결절(pubic tubercle)과 대전자(greater trochanter)는 같은 수평 높이에 있어야 한다.

둘째, 좌골 결절(ischial tuberosity)과 대퇴골의 소전자(lesser trochanter)의
수평 위치 역시 맞지 않게 된다.

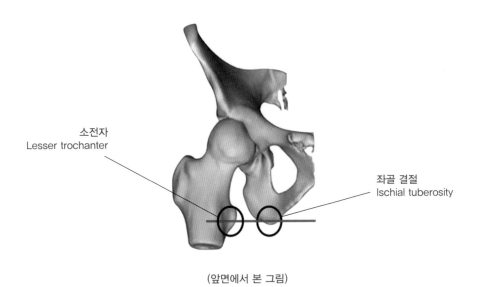

소전자
Lesser trochanter

좌골 결절
Ischial tuberosity

(앞면에서 본 그림)

좌골 결절(ischial tuberosity)과 소전자(lesser trochanter)는 같은 수평 높이에 있어야 한다.

이렇게, 뼈의 위치가 맞지 않는 상태에서는 고관절 주변의 인대와 근육들은 매우 고통스럽다. 특히, 대퇴 삼각부(femoral triangle)를 이루는 서혜 인대(inguinal ligament)와 장내전근(adductor longus), 그리고 봉공근(sartorius)은 통증을 호소하며, 늘어나버리고, 심하게 늘어나서 약해진 근육과 인대 때문에 고관절이 탈구될 위험성이 높아진다. 심지어는, 대퇴 삼각부의 가장 내측에 있는 서혜부 림프절 (lymph nodes)에 종창이 생길 수도 있다.

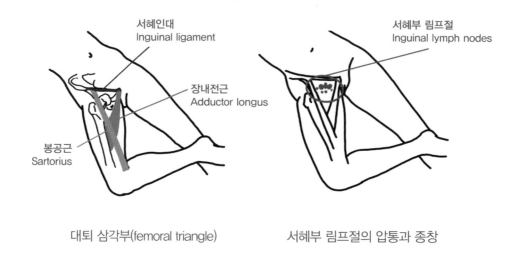

대퇴 삼각부(femoral triangle)　　　서혜부 림프절의 압통과 종창

과거를 돌이켜보면, 나는 서혜부 주변의 통증을 달고 살았었던 것으로 기억된다. 이 통증을 해소하기 위해 침 맞고, 마사지 받고, 약 먹고… 등, 안 해본 거 빼고 다 해보았다… 그도 그럴 것이, 엉덩이를 그토록 집어넣고 연습을 했으니 말이다!!!

그렇다면 고관절에서는 어떠한 움직임이 어느 정도로 가능한 것인가?

1. 굴곡(flexion)

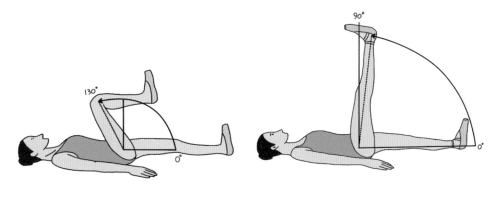

무릎을 구부린 자세에서　　　　　　　　　　무릎을 편 자세에서

　　편안하게 누운 상태에서, 골반을 수평으로 만들고, 전상 장골극(ASIS) 정렬을 맞춘 후에, 고관절을 굴곡시킨다. 정상운동 범위는 약 120°~135° 정도이며, 그러나, 무릎을 완전히 편 상태에서는 90° 미만이다. 장요근(iliopsoas)과 대퇴직근(rectus femoris)이 고관절에서의 굴곡 운동을 주로 담당한다.

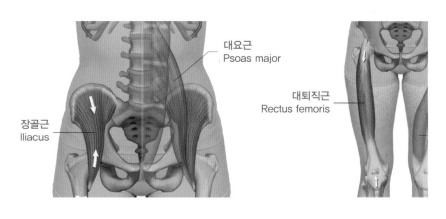

장요근(iliopsoas)　　　　　　　　　　대퇴직근(rectus femoris)

이 두 근육들의 근력만으로도 충분히 다리를 앞으로 들어 올리는 동작이 가능하다. 그런데, 어느 발레 교사는 발등이 코에 닿도록 다리를 들어 올리라고 한단다…!!!

가능한 일인가? 그렇게 보이기 위해서는 골반을 후굴 시키고, 척추를 측만 시키면 발끝이 하늘을 찌르는 developpé devant을 과시(show-off) 할 수 있을 것이다.

엉망진창 developpé effacé devant, 이렇게 하시면 정말 안 됩니다.

'developpé devant'은 무조건 90° 미만입니다.

2. 신전(extension)

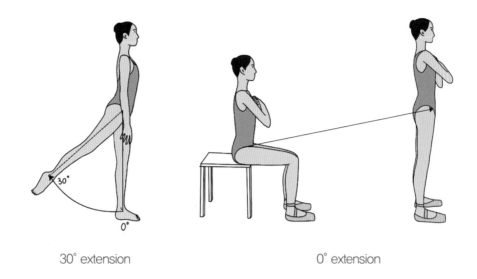

30˚ extension   0˚ extension

요추와 골반을 고정한 다음, 다리를 뒤로 들어 올리는 동작으로, 정상 운동 범위는 약 30˚ 정도이다. 또한, 가슴 앞에 팔짱을 낀 채 척추를 똑바로 유지하며 의자에서 일어나는 동작 역시, 구부러져 있는 고관절을 펴는 동작으로 0˚ 신전이라 하며, 대둔근(gluteus maximus)과 대퇴후근(hamstring)이 이와 같은 고관절에서의 신전 운동을 담당한다.

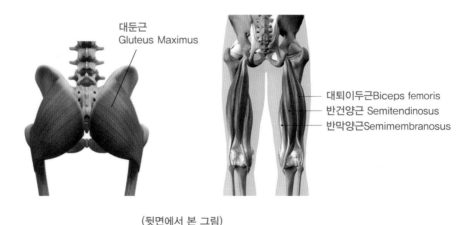

(뒷면에서 본 그림)

대둔근(gluteus maximus)   대퇴후근(hamstring)

고관절에서의 "굴신(屈伸)" 운동은 우리의 일상생활에서뿐만 아니라, 무용인들에게는 가장 기본적인 운동이다. 앉았다가 일어나기, 걷고 뛰기 등 고관절의 굴/신, 즉 구부리고/펴는 동작 없이는 그 어떤 움직임도 가능하지 않다.

그런데, 무용인들에게 주로 관찰되는 잘못된 "plié"는 어떠한가? 고관절을 전혀 구부리지 않고 plié를 한다.(무릎만을 구부린다.) 그 다음에 원위치, 즉 서 있는 자세로 돌아갈 때에는 엉덩이를 더 집어넣으며, 무릎을 힘차게 뒤로 과신전(back knees) 시켜버린다… 구부리지도 않았던 고관절을 펴려고 하니 골반을 더욱더 후굴 시키며, 무릎을 뒤로 밀 수밖에 없는 것이다. 고관절에서의 굴곡(flexion)과 신전(extension)은 전혀 일어나지 않았다. 골반이 plié를 하기 전부터 엉덩이를 쪼이며 이미 후굴되어 있기 때문이다.

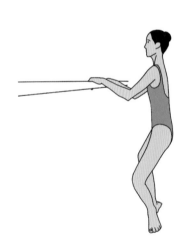

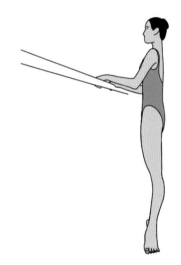

잘못된 plié 자세
(고관절에서의 굴곡이 없다.)

원위치로 돌아간 자세
(골반을 더욱더 후굴 시키며,
무릎을 과신전하며 원위치로 돌아간 자세)

그렇다면, 고관절에서 30° 이상의 신전, 즉 arabesque를 하려면 어떻게 해야 하나?

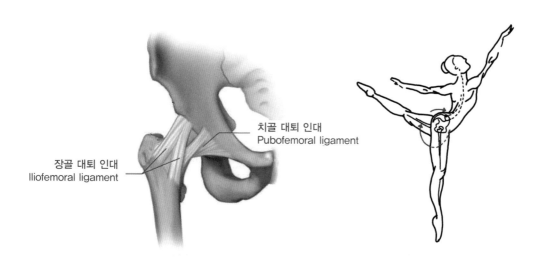

장골 대퇴 인대
Iliofemoral ligament

치골 대퇴 인대
Pubofemoral ligament

(앞면에서 본 그림)

장골 대퇴 인대
[iliofemoral ligament(일명, Y-ligament)]

arabesque를 할 때에,
골반에서의 움직임 원리
(참조: Dowd, p. 22, fig. 7)

골반이 후굴되어 있는 상태에서는 절대 arabesque를 할 수 없으며, 무리해서 다리를 들려고 해서도 안 된다. 장골 대퇴 인대(iliofemoral ligament, 일명 Y-인대)의 구조를 살펴보면, 골반이 후굴되어 있으면 Y-인대는 더욱더 꼬이면서 팽팽하게 긴장되고, 급기야는 대퇴 골두(femoral head)가 관골구(acetabulum)를 짓누르게 된다.

우리 몸의 가장 강한 Y-인대는 늘어나게 되며, 그 기능이 약화된다. 점점 더 대퇴 골두는 관골구(acetabulum)를 짓누르고, 주변의 연골은 서서히 닳아 없어지고, 뼈와 뼈가 부딪히고, 결국에는 혈액순환이 되지 않아 괴사에 이르게 된다.

따라서, 고관절에서의 신전 운동을 담당하는 대둔근과 대퇴 후근은 제 기능을 잃고 만다. 다시 말해, 해야 할 일이 없어지게 되는 것이다. 그러므로, arabesque를 하기 위해서는 골반을 약간 전방으로 기울여서(anterior tilt), 서 있는 다리의 대퇴

골두가 받침점이 되고, 뒤로 올린 다리의 Y-인대가 골반의 앞부분을 아래쪽으로, 골반의 뒷부분을 위쪽으로 향하게 해준다. 이때 대둔근과 대퇴 후근의 도움을 받아 다리를 더 들 수 있다. 그렇기 때문에, 다리를 들 때(arabesque를 할 때) 더 높은 arabesque를 보여주기 위해 골반을 뒤집으면, 고관절의 Y-인대는 더 꼬이게 되어, 주변 근육들을 제대로 사용할 수가 없게 되는 것이다…

3. 외회전(external rotation)과 내회전(internal rotation)

고관절이 0° 신전된 상태, 즉, 완전히 펴진 상태에서의 정상 외회전은 약 45° 정도 가능하며, 정상 내회전은 약 35° 정도 가능하다.

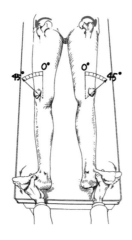 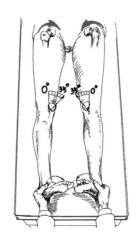

외회전(external rotation)   내회전(internal rotation)

[정상 가동 범위: 약 45°]   [정상 가동 범위: 약 35°]

그러나 선천적으로 혹은 성장과정에서 대퇴 골두의 경부(neck)가 상대적으로 후경(retroversion) 되었을 경우에는 외회전의 운동 범위는 증가하게 된다.

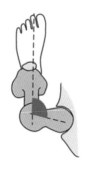

대퇴골두와 발과의 정상 각도　　　후경된 대퇴골두(femoral neck retroversion)
　　　　　　　　　　　　　　　　: 발가락이 바깥으로 향해 있다(Out-toe).
　　　　　　　　　　　　　　　　팔자걸음, 혹은 오리걸음으로 걷게 된다.

　　'대퇴 골두 후경(femoral neck retroversion)'은 '골반 후굴(pelvic posterior tilt)'과
마찬가지로 변형이고, 기형이다. 의학계에서는 그 원인이 아직까지 밝혀지지
않았다고 "(unknown)" 하지만, 대다수의 발레 무용수들에게서 관찰되는 "팔자걸음"
으로 유추해보건대, 그 원인은 충분히 짐작하고도 남음이 있다.

　　'turn-out'을 하기 위한 잘못된 스트레치 운동이다. turn-out을 하기 위해
'개구리 자세'로 스트레치를 하고, 등대고 누운 자세에서 대퇴골을 억지로 벌리고,
등등… 대퇴골을 양옆으로 뒤로 보내기 위해 온갖 고통스러운(잔인한) 방법들이
행해지고 있다!

이건, "고문(torture)"입니다!　　　'주리틀기 고문'과 유사하지 않은가요?

이러한 방법으로 정상 각도의 대퇴 골두를 후방으로 밀어버렸다. 더욱이, 이미 후굴된 골반 상태에서 대퇴골에 압박을 가하게 되면 대퇴 골두는 후·하방으로 미끄러지게 된다. 발가락은 "자연스럽게" 바깥으로 향하게 된다. 이렇게 해서 발레 무용수들의 전형적 trade mark인 "팔자걸음"이 완성되었다. "유레카!"

그·러·나, 고관절에서는 골반 뒤의 짧은 6개의 "hip-rotators"에 의해 외회전 운동(turn-out)이 가능하다. 골반 앞에서의 그 어떠한 스트레치 운동도 turn-out 과는 아무 상관 없음(no-relation)을 다시 한번 강조한다.

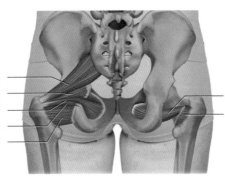

이상근 Piriformis
상쌍자근 Superior gemellus
내폐쇄근 Obturator internus
하쌍자근 Inferior gemellus
대퇴방형근 Quadratus femoris
외폐쇄근 Obturator externus
잘려진(cut) 대퇴방형근

(뒷면에서 본 그림)

6개의 고관절 외회전근들(6 hip rotators)

4. 외전(abduction)과 내전(adduction)

양쪽 다리를 중립 위치에서 골반을 고정시킨 후, 한쪽 다리가 바깥으로 벌어지는 운동을 외전이라 하며, 정상 범위는 약 45°~50° 정도이다. 반대로, 한쪽 다리가 신체의 정중선을 가로질러 반대측 하지로 움직이는 운동을 내전이라 하며 정상 범위는 약 20°~30° 정도이다.

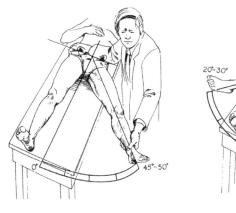

외전(Abduction)   내전(Adduction)

외전을 담당하는 근육으로는 중둔근(gluteus medius)과 소둔근(gluteus minimus)이
있는데, 이 근육들은 걸을 때뿐만 아니라, 한쪽 다리로 서 있을 때에 안정성을
유지하는 데 있어 매우 중요한 역할을 한다. 앞서, 언급했듯이 발레 무용수들의
무릎이 "X"자로 변형이 된 원인은 이 외전근들이 약해졌기 때문이다.
[앞 그림(엉덩이 근육) 참조]

내전을 담당하는 근육으로는 5개의 내전근들로, 장내전근(adductors longus),
단내전근(adductors brevis), 대내전근(adductors magnus), 치골근(pectineus), 그리고
박근(gracilis)이 있다.

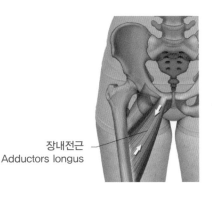
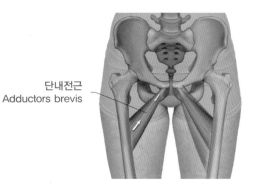

장내전근(adductors longus)   단내전근(adductors brevis)

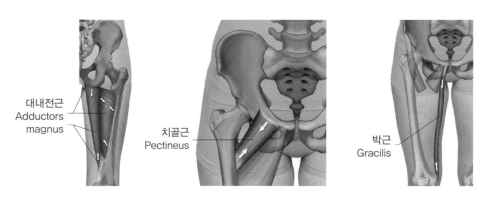

대내전근(adductors magnus)　　　치골근(pectineus)　　　박근(gracilis)

(앞면에서 본 그림)

5개의 내전근들: 장내전근(adductors longus), 단내전근(adductors brevis),
대내전근(adductors magnus), 치골근(pectineus), 박근(gracilis)

　　5개의 내전근들 역시 고관절에서의 운동성과 안정성을 위해 중요한 역할을
담당한다. 이 근육들이 약해지면 무릎에서의 "O"자 기형이 생기게 된다. 'turn-
out'을 해보겠다고 'turn-out'과는 아무 관련 없는 내전근을 무리하게 늘리는 일은
없어야 한다. 다시 말해, 내전근은 벌려졌던 다리를 신체의 중심선으로 모으는
기능을 하는 것이지, 고관절을 외회전시키는 운동에는 관심이 없다.

　　이 외에도 굴곡(flexion)과 내전(adduction)이 동시에 일어나는 동작으로, 이는
다리를 꼬고 앉아 있는 자세에서 관찰된다.

굴곡(flexion)과 내전(adduction)이 동시에 일어나는 동작

또한, 고관절에서 일어나는 가장 복합적인 운동으로, 굴곡(flexion), 외전 (abduction), 그리고 외회전(external rotation)이 동시에 일어나는 동작이 있다. 한쪽 다리의 발 외측을 반대쪽 다리의 무릎 위에 걸쳐놓은 자세에서 관찰되는데, 발레 동작으로는 attitude devant과 한국의 민속놀이 중 '제기차기' 움직임이 이에 해당된다. 주동근은 봉공근(sartorius)이다.

한쪽 다리의 발 외측을 반대쪽 다리의 무릎 위에 걸쳐놓은 자세

Attitude devant

제기차기

봉공근은 인체에서 가장 긴 근육으로, 고관절에서의 굴곡과, 외전, 그리고 외회전의 기능을 담당하며, 무릎 관절도 굴곡시키는 주요 근육이다.

봉공근(sartorius)

이와 같이 고관절에서 일어날 수 있는 모든 움직임들을 살펴보았는데, 지나온 나의 경험으로 미루어, 골반 후굴로 인해 약해져 버린 대퇴 후근과 엉덩이 근육, 그리고 'turn-out'을 위한 6개의 외회전근들의 근력이 고관절 부상 예방을 위해 우선적으로 강화되어야 한다고 생각한다.

여러 가지 다양한 근력 강화 훈련이 있겠지만,

첫째, 대퇴 후근과 엉덩 근육 단련 운동인, 무용 연습실에서도 가능한, '한 다리 데드 리프트(Single-leg Dead Lift)' 운동을 추천한다.

한 다리 데드 리프트(Single-leg Dead Lift)

우선, 한 다리로 서 있는 자세에서, 전상 장골극(ASIS)의 정렬을 맞추고, 발바닥의 세 족점(Romita, p. 16)이 지면을 잘 누르고 있는지 확인한다(느껴본다). 다음에, 고관절을 접은 후(hinge), 다른 쪽 다리를 뒤로 보낸다. 이때에도 전상 장골극(ASIS)의 정렬뿐 아니라, 후상 장골극(PSIS)의 정렬도 맞는지 확인이 필요하다. 다음에, 발바닥의 세 족점이 지면을 누르는 힘으로 고관절을 펴면서 원위치로 돌아간다. (동작을 수행하기 전에 발바닥의 세 족점을 눌러야 함은 아무리 강조를 하여도 지나치지 않다!)

발바닥의 세 족점(tripod of the foot)

둘째, 6개의 고관절 외회전근 단련 운동인 클램쉘(clam shell)이다.

클램쉘(clam shell)

옆으로 누워서, 두 무릎을 접은 상태에서, 위에 놓여진 무릎을, 마치 조개가 입을 벌리듯이, 위로 올린다. 이때, 골반 뒤의 아주 짧은 회전근에 집중하며 올리고 내리고를 반복한다. 운동 범위가 잘 나오지 않는다고, 척추의 움직임을 개입시키면 안 된다. 근력이 강화됨에 따라 점차적으로 운동 범위를 증가시킬 수 있다(운동 가동 범위는 그다지 중요하지 않다!). 이 근육들이 허락하는 만큼 turn-out이 가능한 것이다.

이상에서, 고관절에서 일어날 수 있는 모든 운동들을 살펴보았는데, 이러한 운동들은 고관절에서 "Roll & Slide(Glide) – 구르고, 미끄러지기" 움직임으로 가능하다.

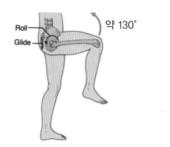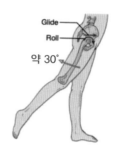

굴곡과 신전 시에 일어나는 "Roll & Slide(Glide)"

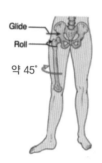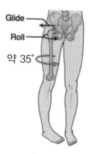

외회전과 내회전 시에 일어나는 "Roll & Slide(Glide)"

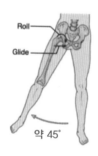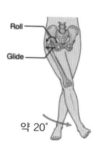

외전과 내전 시에 일어나는 "Roll & Slide(Glide)"

위 사진에서 볼 수 있듯이 고관절에서의 동작을 수행함에 있어, 정상 범위 내에서 "Roll & Slide(Glide)" 움직임을 느끼면서 수행하여야 부상을 예방할 수 있다. 다시 한번, 강조하지만, 다리 많이 드는 것을 **보여주기 위해** "탈골"하면서까지 동작을 하면 안 됩니다!

허리(요추) 부상과 목(경추) 부상
(Injuries of Lumbar spine and Cervical spine)

Q1: 무용수들의 허리 부상과 목 부상을 초래하는
고질적 기형은 무엇이며, 그 원인은 어디에
있는가요?

Q2: 이렇게 되면, 요추와 경추에서 어떠한 문제가
생길 수 있는지요? 예방책은 무엇인가요?

A: 허리 부상과 예방
　1. 굴곡(flexion)
　2. 신전(extension)
　3. 외측 굴곡(lateral flexion)
　4. 회전(rotation)

B: 목 부상과 예방
　1. 굴곡(flexion)
　2. 신전(extension)
　3. 외측 굴곡(lateral flexion)
　4. 회전(rotation)

Q1.
무용수들의 허리 부상과 목 부상을 초래하는 고질적 기형은 무엇이며, 그 원인은 어디에 있는가요?

우리는 요추와 경추에 문제가 생겨 통증이 있을 때, '허리가 아프다', '목이 아프다'라고 하지 '요추'가 아프다, '경추'가 아프다고 하지 않는다. 때문에 본 장에서는 '허리'와 '요추'를 '목'과 '경추'를 혼용해서 사용하고자 한다. 또한, 본 장에서는 무용수들에게서 일어날 수 있는 허리 부상과 목 부상을 함께 다루고자 한다. 그 이유는 부상의 원인이 동일하다고 판단하였기 때문이다.

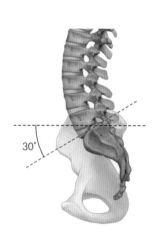

정상적인 요추 전만

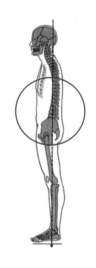

대부분의 무용수들에게서 관찰되는 일자 요추

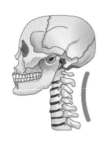 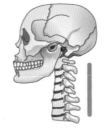 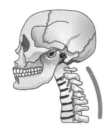

정상적인 경추 전만   일자 경추   역C 경추

첫 번째 원인으로는, 척추를 길게 사용하라는 지시어 때문이라 생각한다. 물론, 척추를 길게(lengthening) 사용해야 하는 것은 맞다. 그러나, 인간의 성장 발달 과정에서 이미 형성된 2차 만곡들, 즉 경추 만곡(Cervical Curve)과 요추 만곡 (Lumbar Curve)을 아예 없애버리라는 것은 절대 아니다!

 → 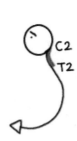 →

엄마 배 속   →   생후 3~4일부터   →   생후 6~9개월 즈음부터

경추 만곡과 요추 만곡의 형성 과정

과거를 돌이켜 보면, 한때는, 나 역시 척추를 길게 만들어 보려고, 지금 생각해 보면 정말 끔찍한 학대를 나의 몸에 가했었다! 요추의 커브를 없애버리면 왠지 다리가 길어 보일지도 모른다는 생각에 종종 배 밑에다가 베개를 깔고 엎드려서 잠을 청했던 적도 있었다… 어떻게 이런 기발한(?) 생각을 하였을까? 누가 시킨 것도 아닌데 말이다! 또한, 키가 커 보이게 하려고, "목"을 언제나 위로 잡아당기고 있었다. 혼자 힘으로 충분하지 않다는 생각이 들면, 누워서 다른 사람에게 "목"을 잡아당겨달라고 애원까지 하였던 기억이 난다.

베개를 배 밑에 깔고 잠을 자는 모습

〈무지했던 나의 어린 시절〉
(정말, 이렇게 하시면 안 됩니다!)

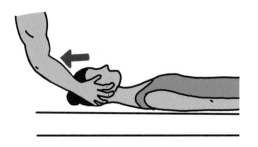

강압적으로 목 뒤를 심하게 잡아당기는 모습

〈이렇게 하셔도 안 됩니다!〉

요즈음, 학생들의 허리 뒤를 촉진(觸診; palpation) 해보면, 허리 뒤가 뻣뻣하다. 목은 거의 일자목이다. 심지어는 목 뒤에 이상한, 두툼한 근육(?)이 붙어 있는 듯하다. 이런 목으로 어떻게 pirouette을 할 수 있는지? 목을 일자로 뻣뻣하게 만들어 놓고, pirouette이 안 되면, 교사로부터 호되게 야단을 맞는다. 고난의 연속이다…

두 번째 원인은 이렇게 일자가 된 척추로 다리를 하늘 높~~이 들어야 하고, 목을 뒤로 많~~이 젖혀야 하는 '과신전' 때문이다. 무용수들의 몸은 이토록 뭔가를 "많이 많이" **보여주려고 하는** 강박관념 때문에 점점 더 아프다.

Q2.

이렇게 되면, 요추와 경추에서 어떠한 문제가 생길 수 있는지요? 예방책은 무엇인가요?

A: 허리 부상과 예방

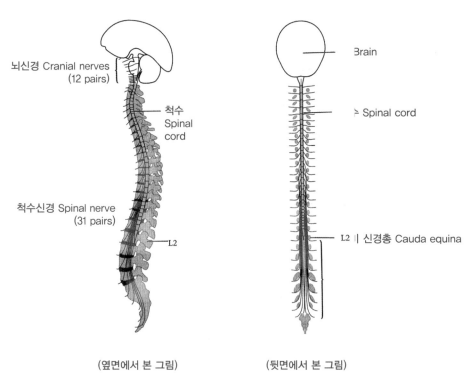

뇌신경 Cranial nerves
(12 pairs)

척수
Spinal
cord

척수신경 Spinal nerve
(31 pairs)

L2

Brain

Spinal cord

L2 ‖ 신경총 Cauda equina

(옆면에서 본 그림)

(뒷면에서 본 그림)

중추 신경계
(CNS: Central Nervous System)

척수와 마미 신경총
(Spinal Cord & Cauda equina)

척수(Spinal Cord)는 후두골 안쪽의 뇌간 연수에서 시작하여 첫 번째와 두 번째 요추(L1~L2) 사이까지 이어지고, 그 아래로는 마미(馬尾)라고 불리는 척수 하부 신경근이 있다.

마미 신경은 말의 꼬리 모양을 닮았다는 이유로 붙여진 이름으로, 신체의 하지 부분과 골반의 모든 정보를 주고 받는다. 따라서, 마미 신경이 시작되는 요추 부분은 허리의 운동성을 담당하며 위로는 상체를 연결하여 받쳐주고, 아래로는 골반과 하지에 신경을 전달해 주는 매우 중요한 역할을 담당한다.

또한, 요추에는 늑골(갈비뼈)이 붙어 있지 않아 흉추에 비해 운동 범위가 비교적 넓다. **그런데,** 이 요추의 커브를 없애보겠다고 한다면, 그 다음에 일어날 수 있는 문제는 매우 심각하다. 우선, 부척주근(para-vetebral muscle)의 근 경축 (muscle spasm)이 생기게 된다. 대부분의 무용수들의 요추 부분을 촉진하였을 때, 커브는 찾아볼 수가 없고, 요추 부분이 대리석처럼 단단하게 굳어져 쇠막대처럼 뻣뻣해져 있음을 느끼게 되는데, 이는 억지로 무리해서 정상적인 요추 전만을 아예 소실시켜 버렸기 때문이다.

부척주근의 근 경축

허리가 아픈 것은 당연하다!

이어서, 척추 사이사이에 있는 디스크가 눌리다 못해 빠져나와 '추간판 탈출증 (herniated disc)'과 같은 병변이 일어나게 되며, 빠져나온 디스크는 주변의 신경에 압박을 가하게 되는데, 특히 무용수들은 '둔피 신경(cluneal nerve)'와 '좌골 신경 (sciatic nerve)'에 심한 통증을 느끼게 된다.

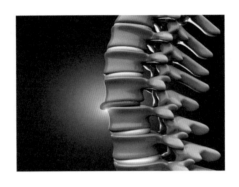

추간판 탈출증(herniated disc)

 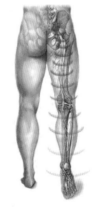 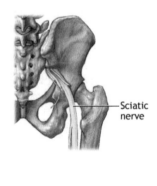

뒷면에서 본 그림

둔피 신경통   좌골 신경통

그렇다면 요추에서는 어떠한 운동들이 가능한가?

1. 굴곡(flexion)

5개로 이루어진 요추 사이의 추간 관절의 움직임은 비교적 적으며, 실제로 요추 자체에서의 굴곡 운동은 범위가 그다지 크지 않다. 더욱이 골반이 이미 후굴되어 부척주근의 경축이 있는 무용수들에게는 요추에서의 굴곡 운동 범위는 거의 없다. 그러나 유연한 무용수들은 고관절을 굴곡시키며, 요추를 굴곡시켰다는 착각을 하게 된다. (요추는 전혀 굴곡하지 않았다.) 수업시간에, 요추 부위에서의 roll-down 이 안 되는 학생들이 점점 더 많이 관찰된다…

요추 굴곡   무용수들이 착각하는 요추 굴곡

요추 굴곡 운동의 주동근은 복직근(rectus abdominis), 내복사근(internal oblique), 그리고 외복사근(external oblique)이다. 즉, 이러한 복근들의 근력으로 요추의 굴곡 운동이 가능하다.

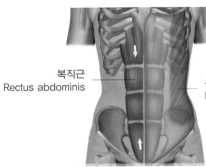

복직근
Rectus abdominis

복직근 위를 덮고 있는 외복사근
External oblique

(앞면에서 본 그림)

복직근(rectus abdominis)

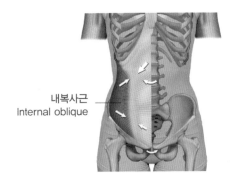

내복사근
Internal oblique

(앞면에서 본 그림)

내복사근(internal oblique)

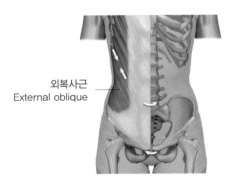

외복사근
External oblique

(앞면에서 본 그림)

외복사근(external oblique)

2. 신전(extension)

허리를 뒤로 젖히는 동작으로, 척추가 과도하게 전방으로 기울어진 경우에는 신전을 할 때, 통증이 유발되지만, 대부분의 무용수들처럼 요추의 '정상 전만(normal anterior tilt)'이 없을 경우, 혹은 엉덩이를 말아 넣은 경우에는 신전의 운동범위가 커진다. 아! 그래서 엉덩이를 안으로 말며 요추를 일자로 만들려고 했구나…(유레카!) 그·러·나 이렇게 되면 요추의 '과신전'으로 또 다른 문제가 발생하게 된다. '척추 전방 전위증(spondylolisthesis)'이다.

무자비하게 허리를 꺾지 마십시오!

도대체, **"무엇을" 보여주기 위해**, 이토록 허리(요추)를 뒤로 젖히는가???
정상적인 요추 전만을 없애고 일자를 만든다. 그리고는 뒤로 확 꺾어 버린다…

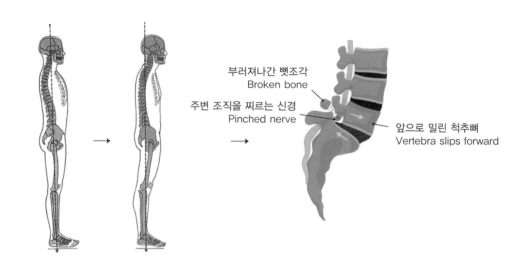

부러져나간 뼛조각
Broken bone

주변 조직을 찌르는 신경
Pinched nerve

앞으로 밀린 척추뼈
Vertebra slips forward

정상적 요추 전만 → 일자가 된 요추　　→　　척추 전방 전위증(spondylolisthesis)

요추의 신전 운동을 담당하는 주동근은 척추 세움근(erector spinae)과 다열근 (multifidus muscle groups)이다. 또한, 엉덩이 근육과 대퇴후근의 도움을 받아 더욱더 화려한 "허리 젖히기"가 가능해진다. 그런데 근력도 강화시키지 않은 상태에서 "젖히기"만 하면 부상이다.

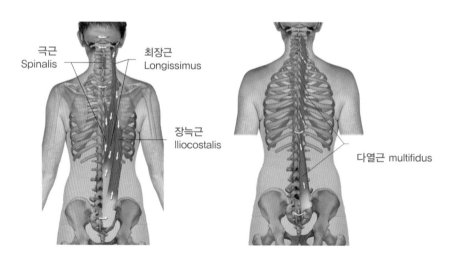

극근
Spinalis

최장근
Longissimus

장늑근
Iliocostalis

다열근 multifidus

(뒷면에서 본 그림)

척추 세움근(Erector spinae)　　　다열근(multifidus muscle groups)

이러한 부상을 예방하기 위해서는 우선, 정상적인 요추 전만을 이해하고, 이를 유지시키면서 모든 동작을 해야 한다. 즉, 고관절을 구부리는 plié에서부터 fondus, 그리고 뛰기 전, 뛰었다가 내려올 때(landing) 등 심지어는 일상생활에서 앉을 때, 일어설 때, 걸을 때마다 우리의 요추 커브가 살아 있는지 매번, 매 순간 확인해야 한다.

또한, 무용수들의 요추 과신전으로 인한 척추 전방 전위증을 예방하기 위해서는 복근과 척추 기립근의 강화 운동이 필수적이다. '유연'한 것이 다가 아니다. 고무줄도 '힘'이 있어야 늘어날 수 있다! 근력을 강화시킬 생각은 하지 않고, 마냥 늘리기만 해서는 안 된다! 내가 무용수들에게 강조하고 싶은 말이다.

"Strengthening not only Stretching."

근육을 늘리지만 말고, 근력 강화 운동을 해야 한다! 우선, 코어(core)를 강화시키는 운동으로 "플랭크(plank)"를 적극 추천한다.

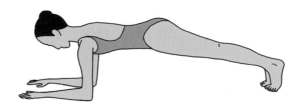

플랭크

3. 외측 굴곡(lateral flexion)

골반을 고정한 상태에서 몸을 왼쪽, 혹은 오른쪽으로 기울이는 동작으로, 요추에서의 외측 굴곡은 척추의 회전 운동도 함께 일어나기 때문에 순수한 요추만의 운동은 아니다. 무용동작에서는 이를 'side bending' 혹은 '옆으로 cambré' 라고 하는데, 한 쪽의 요방형근(quadratus lumborum)을 수축하여 요추를 그 방향으로 굴곡시키면, 반대쪽의 요방형근이 신장된다는 것을 유념하며 이 운동을 하는 것이 중요하다. 양 옆 기울기의 운동 범위를 비교하여 어떠한 차이가 있는지 확인하는 것 또한 중요하다.

요방형근(quadratus lumborum)

4. 회전(rotation)

골반을 고정한 상태에서 몸통을 후방으로 회전시키며 돌린다. 이때에는 어깨 부분을 돌린다는 생각보다 요추에 붙어 있는 요추 회전근(rotators lumborum or rotatores muscles)부터 돌린다는 생각으로 요추를 회전시켜야 허리가 다치지 않으며, 이 또한 양쪽의 회전 범위에 있어 어떠한 차이가 있는지를 확인하는 것이 중요하다.

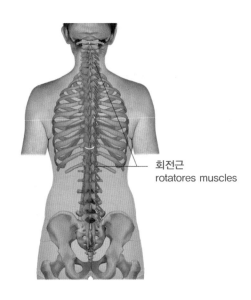

회전근
rotatores muscles

회전근(rotatores muscles)

B: 목 부상과 예방

우리가 흔히 '목(neck)'이라고 부르는 부위는 7개의 경추(cervical vertebrae)와 주변의 근육들을 말하며, 이는 척수(spinal cord)를 보호하는 중요한 임무를 띠고 있다. 척수는 우리 몸의 모든 운동신경기능과 감각신경기능을 담당하기 때문에, 이를 보호하는 목(neck), 즉 경추 운동의 중요성은 아무리 강조를 하여도 지나치지 않다.

그런데, 무용인들은 '목 관리'를 어떻게 하고 있는가? 목을 길게 **보이려고** 억지로 잡아 당기고, 그리고는 보는 이들의 감동을 자아내려고 뒤로 많이 젖히는 노력을 거듭하고 있다. 때문에, 경추에서는 지속적으로 이상 증세를 보이고 있다. "한쪽의 추간 관절 탈구(unilateral facet dislocation)"이다.

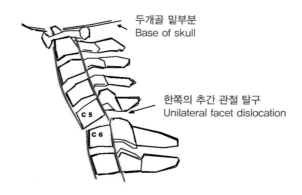

경추 5번과 6번 사이에서 발생한 '한쪽의 추간 관절 탈구(unilateral facet dislocation)'

뿐만 아니라, 경추 후면의 인대 손상과 함께 골절로 인한 심한 통증을 유발하며, 지속적인 긴장으로 인해 디스크가 눌리게 되어 두 개 또는 그 이상의 척추가 붙어 고정된 '클리펠-파일(Klippel-Feil)' 변형(기형)이 생길 수 있으며, 그로 인해 목의 움직임은 심각하게 제한을 받게 된다.

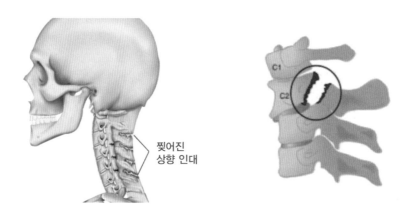

상향 인대(superior nuchal ligament) 손상과 경추 파열(Cervical fracture)

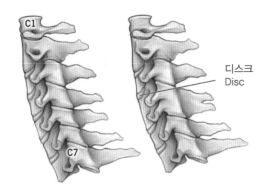

| 정상적인 경추 전만
(Normal cervical curve) | 클리펠-파일 증후군
(Klippel-Feil syndrome) | 두 개 혹은 그 이상의 경추가 붙어
고정되어 짧아진 목 |

클리펠-파일(Klippel-Feil) 증후군

그렇다면, 목에서는 어떠한 동작이 가능한가? 경추에서의 움직임은 요추에서의 움직임과 동일하다.

1. 굴곡(flexion)

우리가 알았다고 고개를 끄덕거리는 동작으로 머리가 앞으로, 턱이 가슴에 부드럽게 닿을 수 있어야 한다. 그러나 이 굴곡 운동을 저항을 느끼면서 한다면, 이때 흉쇄유돌근(SCM: SternoCleidoMastoid)과 사각근들(scalenus muscles)이 수축을 하게 된다. 무용 동작에서 과격하게, 급작스럽게 목을 뒤로 젖히는 동작을 하게 되면, 흉쇄유돌근의 과신전 손상으로 이어진다.

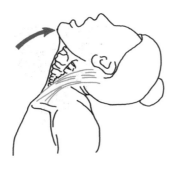

흉쇄유돌근(SCM)의 과신전

Kitri solo

**(급격한 SCM 과신전으로 인해 경추
부상으로 이어질 수 있다!)**

2. 신전(extension)

머리를 뒤로 젖히는 동작으로, 부드럽게 '둥근 호(弧; arc)'를 그리며 천장 위를
똑바로 볼 수 있다면 정상이다. 목에서의 신전 운동은 주동근인 두판상근(splenius
capitis)과 상부 승모근(upper trapezius) 수축으로 가능하다.

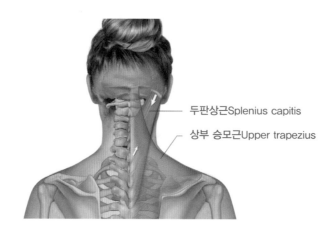

두판상근Splenius capitis
상부 승모근Upper trapezius

두판상근(splenius capitis)과 상부 승모근(upper trapezius)

이미 골반 후굴된 무용수들의 시선은, 혹은 머리는 앞으로 빠져 있다. 앞으로 쭉~ 빠진 목을 바로 잡기 위해 경추의 신전근인 두판상근과 상부 승모근은 항상 긴장되어 있다. 목을 정상 위치로 하기 위함이다. 무용수들의 목 뒤가 항상 뻣뻣하고 아픈 이유이다. 그 상태에서 pirouette을 한다. 어디에서부터 무엇부터 교정해야 하는가? 꼬리에 꼬리를 무는 '**무용부상**'이다···

뻣뻣하게 긴장된 목을 뒤로 신전시키기 위해 허리가 유연한(?) 무용수들은 몸통을 뒤로 젖혀버리고는 이를 목의 신전으로 착각한다··· 그런데, 목 뒤의 신전근들을 느끼며 목을 정상적으로 뒤로 넘겼을 때, 머리의 뒷부분은 경추의 극돌기로 인해 신전 운동에 제한을 받게 된다. 즉, 머리를 뒤로 완전히 꺾을 수 없다는 설명이다. (척수와 주변 신경을 보호하기 위함이다.)

그러함에도 불구하고 많은 발레 교사들은 머리가 다리에 닿도록, 다리가 머리에 닿게 하라고 한다. 인간이 할 수 있는 동작인가? 그런데도 유튜브에서는 이러한 기발한 동작들이 돌아다닌다··· '느낌'이 없다! 그저 '**보여주기**'만이 있을 뿐이다! '발레'가 무슨 '서커스'인가? 관객들은 이를 보고 우레와 같은 박수를 친다. 심사위원들은 높이 올라간 다리에 좋은 점수를 준다···

꺾어진 목(경추), 척추 측만에 꺾어진 허리(요추)
– 일명, 미친 아라베스크(로열발레스쿨에서는 'secobesque'라고도 한답니다!)

3. 외측 굴곡(lateral flexion)

목을 옆으로 구부려서 귀를 어깨에 가깝게 하는 동작이다. 이 동작을 저항을 느끼면서 할 경우, 사각근과 목 주변의 작은 근육들이 사용된다.

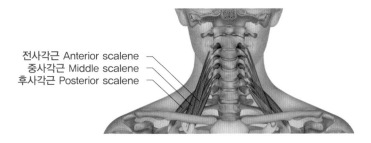

사각근
Scalene muscle group

전사각근 Anterior scalene
중사각근 Middle scalene
후사각근 Posterior scalene

(앞면에서 본 그림)

사각근(scalene muscles)

만약, 주변 근육들의 긴장으로 외측 굴곡이 잘 안 될 경우, 어깨를 귀에 가깝게 하면서 자신의 목을 외측 굴곡시켰다고 착각하는 경우가 있기 때문에, 어느 정도로 정상적인 외측 굴곡이 가능한지 잘 살펴볼 필요가 있다. 정상적인 외측 굴곡 범위는 약 45° 정도이지만, 혹시라도, 목 주변의 림프절(lymph nodes)이 부어 있을 경우에는, 특히 양옆으로의 굴곡이 어렵게 된다.

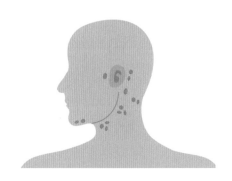

목 주변의 림프절(lymph nodes)

4. 회전(rotation)

어깨를 고정한 상태에서 머리를 좌·우로 회전시키는 운동으로, 턱을 거의 어깨선까지 쉽고 부드럽게 돌릴 수 있어야 한다. 목 주변이 지나치게 긴장되어 있는 대부분의 발레 무용수들은 턱을 부드럽게 어깨선까지 돌리기 어려워한다.

목에서의 회전 운동은 경추 1번과 2번 사이(C1-C2)에서 약 50% 일어나며, 나머지 50%는 다른 경추들(C2-C7) 사이에서 균등하게 점차적으로 일어난다. 7개의 경추들 중에서 가장 넓은 횡돌기인 경추 1번의 횡돌기는 귀의 바로 뒤에서 쉽게 만져질 수 있다. 아틀라스(Atlas)라고 불리는 경추 1번은 그리스 신화에서 지구를 지지하고 있는 신의 이름을 본딴 명칭으로, 우리의 머리 전체를 지지하고 있는 매우 중요한 척추이다. 그리고 척주의 중심축(axis)이라 불리는 경추 2번의 치아돌기(Dens)가 경추 1번의 축이 되어 회전하기 때문에, 이러한 경추 1번과 2번의 독특한 구조 덕분으로 목에서의 회전 운동이 가능한 것이다.

지구를 목 뒤에 이고 있는 아틀라스

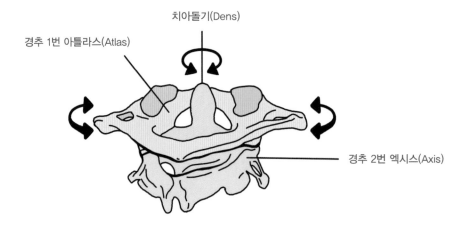

치아돌기(Dens)

경추 1번 아틀라스(Atlas)

경추 2번 엑시스(Axis)

경추 1번[아틀라스(Atlas)]과 경추 2번[엑시스(Axis)]의 회전 운동

목의 회전 운동을 저항을 느끼면서 할 때에는,

흉쇄유돌근(SCM: SternoCleidoMastoid)과 목 주변의 작은 내재근들이 사용된다.

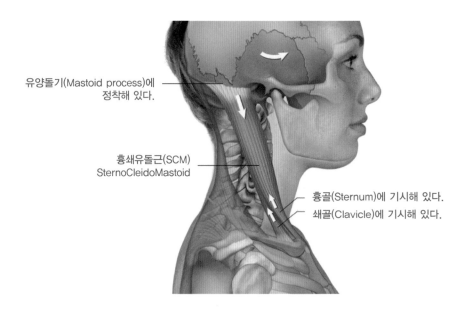

유양돌기(Mastoid process)에
정착해 있다.

흉쇄유돌근(SCM)
SternoCleidoMastoid

흉골(Sternum)에 기시해 있다.
쇄골(Clavicle)에 기시해 있다.

흉쇄유돌근(SCM: SternoCleidoMastoid)

아주 오래전에, 자동차 사고가 크게 난 적이 있다. 사고 난 차량을 폐차시켜야 했었으니, 그 사고가 얼마나 심각하였는지는… 지금 생각해봐도 끔찍하다. 난, 다행스럽게도, 외관상으로 크게 다치지 않았지만, 거의 일 년간 목이 돌아가지 않아 큰 불편을 겪었던 기억이 난다.

이 사고로 인해 급격한 경추 굴곡으로 상부 승모근이 심하게 늘어남과 동시에, 급격한 경추 과신전으로 흉쇄유돌근이 손상을 입었던 것이다. 목뼈인들 온전했을 리가 없다… 안 그래도, "키가 커 보이려고" 억지로 잡아늘려 일자로 만들어 놓은 목을 더 망가뜨리고야 말았다. 이렇게 당한 사고는 어쩔 수 없지만, 잘못된 인식으로, 노력을 해가며 무리해서 경추를 손상시켜서는 안 된다!

무용수들은 목뼈, 즉 경추의 커브(cervical curve)를 반드시 유지해야 하며, 특히 pirouette과 같은 목에서의 회전 동작을 할 때에는 귀(ear) 높이에서 해야 목에서의 긴장 없이 부드럽고 편안하게 수행할 수 있다. 그렇게 하여야 경추가 머리를 안정성 있게 지지하며, 척수(Spinal cord)와 추골 동맥(Vertebral artery)의 순환을 위한 통로를 확보할 수 있게 된다.

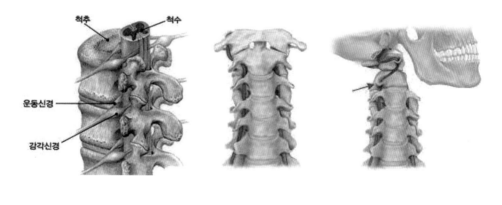

척수(Spinal cord)　　　　　　추골 동맥(Vertebral artery)

그러므로, 무용수들뿐 아니라, 일반인들도 목이 긴장되는 일이 없도록, 항상 바른 자세를 유지해야 한다. 이를 위해, 나의 호흡은 어떠한지? 침은 잘 삼켜지는지 또한 항상 체크해야 한다.

다소, 지루하다고 생각할지는 모르겠지만, 목에서의 움직임을 인지하는데 도움이 되는 운동으로 로젠 메소드(Rosen Method®)를 추천한다(https://www.rosenmethod.com).

어깨 부상
(Shoulder Injuries)

Q1: 무용수들, 특히 발레 무용수들의 어깨에서 주로
어떠한 기형들이 관찰되며, 그 원인은 무엇이고,
결국에는 어떤 부상을 당하게 되는가요?

Q2: 그렇다면, 어깨에서의 정상적인 관절 운동과
운동 범위는 어느 정도인가요?

A: 견 관절(gleno-humeral joint)에서의 운동
1. 외전(abduction)
2. 내전(adduction)
3. 굴곡(flexion)
4. 신전(extension)
5. 외회전(external rotation)과
내회전(internal rotation)
6. 수평 내전(horizontal adduction)과
수평 외전(horizontal abduction)
7. 휘돌리기, 혹은 원회전(circumduction)

B: 흉견갑 관절(scapulo-thoracic joint)에서의 운동
1. 거상(elevation)과 하강(depression)
2. 전인(protraction)과 후인(retraction))
3. 상방 회전(upward rotation)과
하방 회전(downward rotation)

Q1.

무용수들, 특히 발레 무용수들의 어깨에서 주로
어떠한 기형들이 관찰되며, 그 원인은 무엇이고,
결국에는 어떤 부상을 당하게 되는가요?

익상 견갑골(winging scapular)
(개인자료)

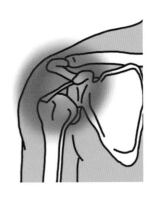

(앞면에서 본 그림)
견 관절 탈구(shoulder dislocation)

무용수들의 어깨에서 도대체 무슨 일들이 벌어지고 있는가???

발레 무용수들은 참으로 극복해 나가야 할 역경들이 많다… 양쪽 발을 180°로
벌려야 하지, 엉덩이를 집어넣어야 하지, 요추를 일자로 쭉~~~ 펴야 하지, 목을
길게 잡아 빼야 하지, 그 몸으로 현란한 발 동작을 해야 하지, 허리를 꺾어 다리를
높이 높이 들고, 발끝으로 fish-tail을 만들어 하늘을 찌르듯이 해야 하지, 또,
무엇이 있나???

아! 뱅글뱅글 잘 돌아야 하지, 높이 높이 뛰어야 하지, relevé-up을 하고서도 (pointe shoes를 신고서도) 무릎을 과신전 시켜야 하지… 등등, 그래야 예뻐 보인다고 하니까. 그래야 평가위원으로부터 점수를 잘 받는다고 하니까…

이제부터는 상체이다! 팔이 길어 **보이게** 잡아 빼라고 한다. 그리고는 목이 길어 **보이게** 어깨를 짓누르라고 한다. 그리고는, 아무 일도 없다는 듯이, SMILE(😊) 웃기까지 하라고 한다! 무용수들은 대단하다!

익상 견갑골(winging scapular)과 견 관절 탈구(shoulder dislocation)의 원인을 파악하는 중에, 연습실에서 흔히 볼 수 있는 심각하고도 잔인한 훈련 방법을 학생들로부터 듣게 되었다. 어떤 학생은 수건을 어깨너비로 잡고 앞, 뒤로 돌리는 연습을 하였다고 한다.

수건 잡고 어깨 돌리기 연습

〈이런 연습은 하지 마십시오!〉

또 다른 학생은, 손을 뒤로 깍지 끼고, 그 손을 Barre 위에 올려놓고서는 그대로 앉는 연습을 하였다고 하는데, 고문 기술자 이근안이 직접 개발했다고 하는 '날개 꺾기 고문'을 연상시켰다.

날개 꺾기 고문

〈이건 고문입니다!〉

많은 의학 자료나, 인터넷 자료에서 익상 견갑골과 견 관절 탈구의 가장 심각한 원인은 팔뼈(humerus)를 잡아 뽑아 과도하고도 비정상적인, 강도 높은 스트레치 움직임('unusual twisting')과 어깨 부위를 심하게 짓누르는 움직임('excessive compression')이라 했는데…, 무용수들은 왜? 이런 연습을, 자신의 몸을 망가뜨리는 자기 학대 행위를 서슴지 않고 하고 있는지 정말 이해가 가질 않는다.

무엇 때문에??? 관객들에게 혹은 경연 대회에서 심사위원들에게 깜짝 놀랄 만한 동작을 보여주기 위함인가? 무용이 최고의 움직임 예술이라고 하는 사람들이 무엇 때문에, 왜? 이렇게까지 해야 하는가? 예술 교육을 한다는 사람들이 이게 정말 이렇게 할 일이던가???

이렇게 지속적으로 무지한 연습을 하다가는 어깨 주변의 근육(muscle)과 인대 (ligament), 건(tendon)이 늘어나고, 약해져서 결국에는 파열이다. 뿐만이 아니다. 어깨 관절 부위의 신경을 누르고 혈관에 손상을 입히게 된다. 꼬리에 꼬리를 무는 무용 부상이다. (이미, 우리 학생들 중에서도 여러 명의 어깨에서 이런 문제들이 관찰된다…).

Q2.
그렇다면, 어깨에서의 정상적인 관절 운동과
운동 범위는 어느 정도인가요?

어깨에서의 운동은 두 종류로 구분된다. A: 견 관절(gleno-humeral joint)에서의 운동이고, B: 흉견갑 관절(scapulo-thoracic joint)에서의 운동이다.

우선, 견 관절에서의 운동을 살펴보면 다음과 같다.

A: 견 관절(gleno-humeral joint)에서의 운동

1. 외전(abduction)

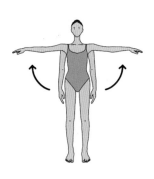

90°까지 외전 가능

손바닥은 지면을 향한다.

180°까지 외전 가능

손바닥이 마주보게 된다.

팔이 내려진 상태(en bas)에서 양옆으로 약 90° 정도 들어 올린다(à la seconde). 앞 그림에서 볼 수 있듯이, 손바닥이 마주 본 상태에서 시작하여 90°까지 외전 시키게 되면(들어 올리면), 손바닥은 지면을 향하게 된다. 그 다음, 손바닥을 위로 향하게 돌리고(외회전시킨 후), 팔을 계속 올려(en haut) 머리 위에서 손바닥이 닿을 수 있도록 한다. 어깨에 특별한 문제가 없을 경우, 팔을 180°까지 올릴 수 있다.

팔의 외전은 **견 관절**과 **흉견갑 관절**의 통합적 운동이다. 약 30° 정도까지는 순수한 견 관절(pure gleno-humeral)에서의 움직임이지만, 이 지점부터는 견 관절과 흉견갑 관절(scapulo-thoracic)이 2:1의 비율로 외전 한다.

따라서, 팔의 180° 외전 운동은 30°까지는 순수 견 관절에서, 그 이후부터는 견 관절에서 100° 정도의 외전과 흉견갑 관절에서 50° 정도의 외전이 일어난 것이다. 그러므로, demi à la seconde까지는 견갑골의 움직임 개입이 없다. 그러나 견 관절 주변의 근육이 손상되었을 경우, 견갑골을 움직여 팔을 들어 올리게 된다. 그러면 자동으로 어깨가 올라가게 된다. 그 즉시, 발레 교사님의 날카로운 불호령이 떨어진다. "어깨 내려!"…, 그 상태에서 어깨를 내리게 되면 무용수들의 어깨에서는 충돌이 일어난다. 아프다…

견 관절 주변의 근육이 손상되어 견갑골을 들어 올린 학생

팔을 외전 할 때에, 약 120° 정도에서 상완골의 외과경(surgical neck)이 견봉
(acromion)에 부딪히기 때문에 상완골을 외회전시켜 상완골의 외과경이
견봉으로부터 멀어지게 함으로써 180° 외전이 가능하게 된다.

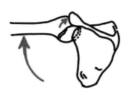 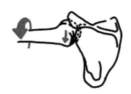 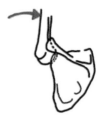

(왼쪽 어깨 뒷면에서 본 그림)

| 팔을 120° 정도 들었을 때, 상완골의 외과경(surgical neck)이 견봉(acromion)에 부딪힌다. | 상완골을 외회전 시킨다. | 팔이 180° 정도 외전이 가능하다. |

그러므로, 팔을 en bas에서 à la seconde을 거쳐 en haut로 올릴 때에는 90° 정도
올린 후부터는 상완골을 서서히 외회전 시키면서 en haut를 해야 어깨에서의
충돌이 일어나지 않는다. 즉, 아프지 않게, 부상 없이, 효율적으로 팔을 사용할 수
있게 된다.

팔의 외전 운동을 위해서는 삼각근(deltoid)이 주동근으로 사용되지만, 견갑골의
안쪽에 위치한 전거근(serratus anterior)부터 움직여 주면, 보다 확장된 상체의
움직임을 연출할 수 있게 된다.

전거근
Serratus anterior

삼각근
Deltoid

(옆면에서 본 그림)

(뒷면에서 본 그림)

전거근(serratus anterior)

삼각근(deltoid)

팔 외전 운동에 있어, 주요 열쇠가 되는 근육은 '극상근(supraspinatus)'이다. 4개의 회전근개 중 하나인 '극상근'은 어깨 관절에서의 "roll and slide" 기능을 돕는다. 상완골 결절에 정착되어 있는 근육이 견갑골의 뒷면 상단에 오목하게 들어간 부분(기시점)으로 잡아당김으로써(supraspinatus pull), 상완골(humerus)을 들어 올릴 수 있게 되는 것이다.

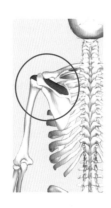

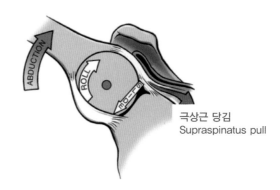

극상근 당김
Supraspinatus pull

(뒷면에서 본 그림)

(뒷면에서 본 그림)

극상근(supraspinatus)

팔의 외전(abduction) 운동을 할 때
일어나는 roll & slide 움직임

그러나, 극상근(supraspinatus)이 약해졌거나, 혹은 찢어졌을 경우에는 들어 올린 팔을 부드럽~게, 우아하게, 천천히 내릴 수 없게 된다. 그렇기 때문에, 무리해서 너무 심하게 견 관절에서의 스트레치를 하여 근육을 찢지 말고, 'lateral raise'와 같은 운동을 하여 주변 근육의 근력을 강화시켜야 한다.

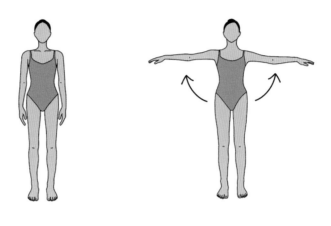

Lateral raise

2. 내전(adduction)

팔이 내려진 상태에서, 한쪽 팔이 몸 앞을 가로질러 약 45° 정도까지 움직일 수 있다. 주로, 가슴 부위의 대흉근(pectoralis major)과 등 쪽의 광배근(latissimus dorsi)이 함께 수축하며 내전 운동을 하지만, 이때에도 극상근(supraspinatus)이 약해져 있을 경우에는, 내전 운동 또한 제한된다.

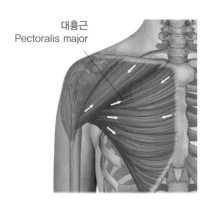

대흉근
Pectoralis major

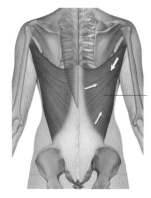

광배근
Latissimus dorsi

(옆면에서 본 그림) 　　　　　　　　(뒷면에서 본 그림)

대흉근(pectoralis major) 　　　광배근(latissimus dorsi)

　그렇기 때문에, 극상근이 손상되어 혹시라도 찢어졌을 경우에는, 팔을 옆으로 들지도 못할 뿐더러, 천천히 부드럽게 내리지도 못하고 '툭' 떨어뜨리게 된다.

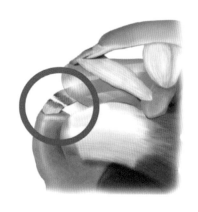

(오른쪽 어깨 앞면에서 본 그림)

찢어진 극상근 　　　　　　　　팔을 '툭' 떨어뜨리게 된다.

언제까지 자신에게 '날개 꺾기 고문'을 할 것인가?

3. 굴곡(flexion)

    몸 전체를 고정시키고 편안하게 내려진 팔을 앞으로 들어 올리는 동작으로,
정상 굴곡 범위는 약 180° 정도이다.

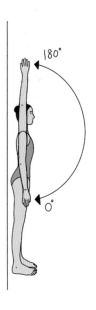

견 관절에서의 정상적인 굴곡 운동

    그러나, 해부학적 자세, 즉 손바닥이 정면을 향한 상태에서 팔을 앞으로 들어
올릴 경우에, 정상 굴곡의 운동 범위는 약 90°이다. 그렇기 때문에, 180°의 굴곡
운동을 하기 위해서는 손바닥이 몸통 옆을 향해 있어야 한다.

    어깨 주변 근육의 손상이 있는 경우에는 굴곡 운동 범위가 제한되는데,
무용수들은 유연한(?) 허리와 이미 후굴된 골반을 더욱더 뒤로 젖히며
견 관절에서의 정상 굴곡 범위인 180°, 혹은 그 이상의 굴곡을 보여주려 할 것이다.
(왜? 그렇게까지 해야 하는지…무엇을 보여주기 위함인지???)

〈견 관절에서의 제한된 굴곡 운동 범위〉

허리를 뒤로 젖히며 팔을 들어 올리고 있다.
사실상, 견 관절에서는 180° 미만의 굴곡 운동 범위를 보여주고 있다.

견 관절에서의 굴곡 운동을 하기 위해서는 삼각근(deltoid)의 전면부와 오구완근 (coraco-brachialis)이 주동근으로, 대흉근과 상완이두근은 보조근으로 사용된다.

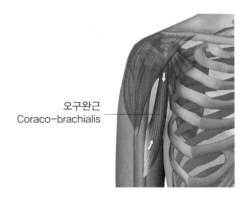

오구완근
Coraco-brachialis

오구완근(coraco-brachialis)

상완골 중간 부분의 안쪽에 정착해 있는 오구완근(coraco-brachialis)은 기시점인 오구돌기(coracoid process) 쪽으로 수축하며, 견 관절에서의 굴곡뿐 아니라 외전(abduction) 운동을 한다. 특히, 오구완근은 상완골 골두(humeral head)가 어깨 관절 내에서 안정성 있게 움직일 수 있도록 해주는 기능이 있기 때문에, 상체 움직임을 자유자재로 해야 하는 무용수들에게는 손상되어서는 안 되는 매우 중요한 근육이다.

만약 견 관절 탈구가 심한 학생들일 경우에는, 여러 가지 원인들이 있겠지만, 우선 '오구완근'이 지나치게 늘어났기 때문에 어깨 관절 내에서 상완골을 안전하게 잡아주지 못하는 것으로 의심해 봐야 할 것이다. 그렇기 때문에…, 수건 잡고 무리하게 팔 돌리는 연습을 해서는 절대 안 된다!

견 관절 탈구의 원인으로 의심되는 또 다른 근육은 상완 이두근의 장두(biceps, long head)이다.

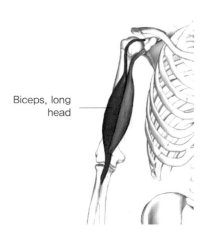

상완 이두근의 장두(biceps, long head)

이 근육은 상완 관절의 상부 결절에서 시작하여 요골(radius)에 정착해 있는 근육으로 견 관절에서의 굴곡 운동을 하지만, 가늘고 길게 근육과 연결되어 있는 건(tendon)이기 때문에 쉽게 손상되기 쉽다. 그러므로 무리하게 견 관절에서의 비정상적인 스트레치는 절대 삼가야 한다. 대신에, 'front raise'와 같은 운동으로 상완 이두근의 근력을 강화시키는 것이 무용수들의 어깨 부상을 예방하기 위해서는 보다 중요한 급선무이다. (이 운동 역시 전문가의 도움이 필요하다!)

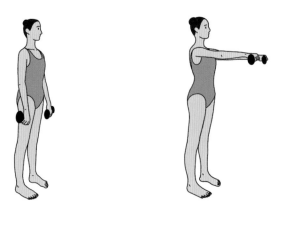

Front raise

4. 신전(extension)

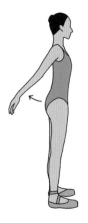

팔이 자연스럽게 내려진 중립의 위치에서, 몸을 고정시키고 팔을 몸 뒤로 올리는 운동으로, 신전의 정상 운동 범위는 약 $45°$ 정도이다. 팔의 신전 운동을

하기 위해서는 광배근과 후면 삼각근, 그리고 대원근, 소원근과 함께 삼두근이
사용된다.

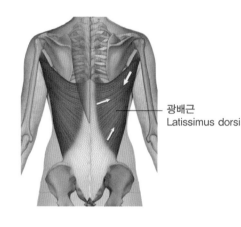

광배근
Latissimus dorsi

(뒷면에서 본 그림)

광배근(latissimus dorsi)

광배근은 상체의 근육들 중, 가장 넓은 근육으로 어깨 관절에서의 신전
(extension)뿐 아니라 내전(adduction) 운동의 기능을 한다. "latissimus dorsi"는
'가장 넓은(broadest)'이라는 의미의 라틴어 'latissimus'와 '뒷면(back)'이라는 라틴어
'dorsum'의 합성어로, 신체 뒷면의 가장 넓은 근육이다.

무용인들에게 광배근은 팔을 en avant에서 à la seconde, 혹은 à la seconde에서
en avant, 즉 수평의 높이에서 팔을 벌리고 모을 때 많이 사용되는 근육으로 알고
있지만, 광배근의 주기능은 신전(extension)과 들었던 팔을 내릴 때(내전, adduction)
의 운동을 담당하는 주동근이기 때문에, 광배근의 근력 강화는 무용인들에게
필수적이다.

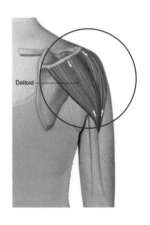

(뒷면에서 본 그림)

후면 삼각근(posterior deltoid)

흔히, 어깨 근육이라 불리는 삼각근(deltoid)은 세 부분으로 나누어지는데, 이들
중 후면 삼각근이 팔의 신전 운동에 있어 중요한 역할을 한다. 뿐만 아니라,
무용수들이 en avant에서 à la seconde으로, 수평 높이에서 팔을 벌릴 때, 후면
삼각근을 느끼면서 할 수 있다면 보다 확장된 상체 움직임 연출이 가능해진다.

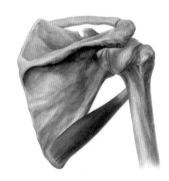 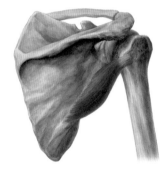

(뒷면에서 본 그림)

대원근(teres major)   소원근(teres minor)

상완골의 상부와 견갑골의 하각 부분을 연결하는 대원근과 상완골의 골두와 견갑골 옆쪽 부분을 연결하는 소원근 역시, 팔의 신전 운동을 주관한다.

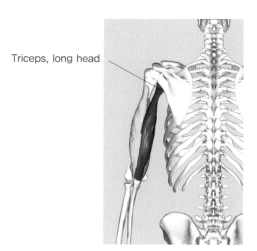

(뒷면에서 본 그림)

상완 삼두근의 장두(triceps, long head)

팔 뒷면의 삼두근 중에서, 장두(long head) 근육은 신전 운동을 도와서 할 뿐 아니라 무용수들이 à la seconde 자세를 유지하는 데 있어 매우 중요한 역할을 담당한다. 이와 같이, 상체의 후면 부분에 위치한 근육들의 기능을 느끼면서 port de bras를 하여야 무용인들이 추구하고자 하는 보다 예술적인 상체의 표현이 가능해지지 않을까? 생각된다… 앞면도 중요하지만, 뒷면 즉, **"뒤태"**가 관건이다!

5. 외회전(external rotation)과 내회전(internal rotation)

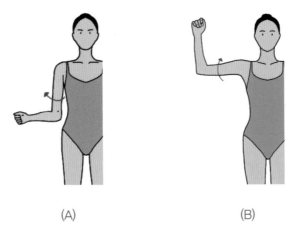

(A)   (B)

외회전(external rotation)

　　팔꿈치를 90° 구부린 상태에서 상완골(humerus)을 바깥쪽으로 돌리는 움직임이 외회전이며, 정상 범위는 약 80°~90° 정도이다.

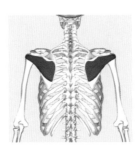

(뒷면에서 본 그림)

극하근(infraspinatus)

　　극하근(infraspinatus)은 견갑골 뒷면의 가시(spinatus) 아래에 위치한 두꺼운 삼각형 근육으로, 상완골을 외회전시키는 주요 기능과 함께, 어깨 관절을 안정화시키는 역할을 담당한다.

극하근 외에도, 소원근(teres minor)과 후면 삼각근(posterior deltoid)이 외회전 운동을 함께 하는데, 무용수들은 특히, en haut 자세를 할 때에, 위의 근육들을 느끼면서 움직인다면 보다 확장되고 안정성 있는 상체의 표현이 가능할 것이다.

혹시, 만성적인 견 관절 탈구가 의심될 경우에는, 앞 사진의 (B)자세에서, 외회전 시, 심한 통증으로 아파하거나 운동 범위가 제한된다. 그러나 무용수들은 유연한(?) 허리를 뒤로 젖히며 견 관절에서의 "자세(position)"를 만들어 보이려고 할 것이다. 그렇게 함으로써 정상 범위의 외회전 운동을 하고 있다고 착각하게 된다.

허리를 뒤로 젖히며 상완골을 외회전시키고자 애쓰는 무용수
(사실상, 견 관절에서의 외회전 정상 범위에 못 미친다.)

그렇기 때문에, 몸통을 완전히 고정시킨 상태에서 외회전을 함으로써, 어깨에 어떠한 움직임이 제한되었는지를 확인하는 것이 매우 중요하다.

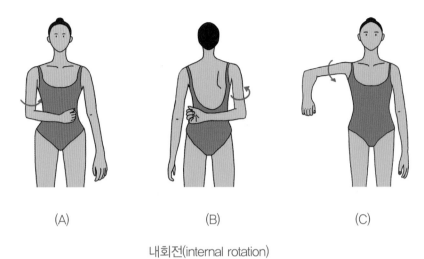

(A)   (B)   (C)

내회전(internal rotation)

팔꿈치를 90° 구부린 상태에서 상완골(humerus)을 안쪽으로 돌리는 움직임이 내회전이며, 정상 범위는 약 60°~90° 정도이다. 내회전 운동의 주동근은 견갑하근(sub-scapular) 외에도, 대흉근(pectoralis major), 광배근(latissimus dorsi), 대원근(teres major)이며, 전면 삼각근(anterior deltoid)도 보조근으로 내회전을 돕는다.

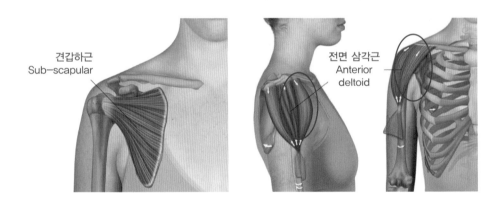

(앞면에서 본 그림)   (옆면, 앞면에서 본 그림)

견갑하근(sub-scapular)   전면 삼각근(anterior deltoid)

견갑골이 흉곽의 뒷부분과 맞닿아 있는 근육

무용인들, 특히 고전 발레를 하는 발레 무용수들에게는 견 관절에서의 내회전 운동이 port de bras의 기본자세인 en bas와 à la seconde의 정확한 정렬을 맞추는 데 있어 매우 중요하다.

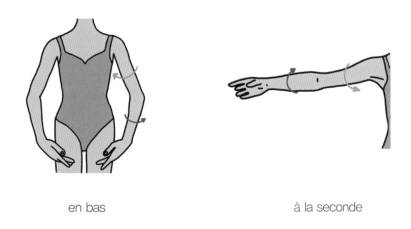

en bas   à la seconde

위 그림에서 보여지듯이 'en bas'와 'à la seconde' 자세에서는 몸통의 뒤 근육들과 앞 근육들을 펴면서 상완골을 약간 내회전시켜야 올바른 자세에서의 팔 움직임이 가능해진다(Grieg, p. 71, & Simmel, p. 161).

6. 수평 내전(horizontal adduction)과 수평 외전(horizontal abduction)

이 외에, 견 관절에서의 운동으로 수평에서의 내전, 즉 수평 모음(horizontal adduction)과 수평에서의 외전, 즉 수평 벌림(horizontal abduction)이 있다.

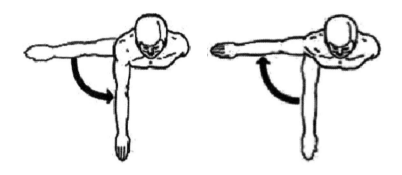

수평 내전(horizontal adduction)　　　수평 외전(horizontal abduction)

수평 모음은 port de bras 움직임의 à la seconde 자세에서 en avant으로, 즉, 팔을 몸통 앞으로 모으는 동작이다. 견 관절에서의 90° 외전된 상태에서 내전 운동을 하는 것으로, 외전과 내전 운동을 하는 근육들을 인지하며 동작을 해야 한다.

수평 벌림은 port de bras 움직임의 en avant에서 à la seconde으로, 즉, 팔을 몸통 옆으로 벌리는 동작이다. 견 관절에서의 90° 굴곡된 상태에서 외전 운동을 하는 것으로, 굴곡과 외전 운동을 하는 근육들을 인지하며 동작을 해야 한다.

7. 휘돌리기, 혹은 원회전(circumduction)

또한, 견 관절에서는 휘돌리기, 혹은 원회전(圓廻轉)이라 불리는 'circumduction' 움직임이 가능하다. 이는 외전과 내전, 굴곡과 신전, 그리고 외회전과 내회전 운동이 통합적으로 일어나면서 팔 전체를 여러 방향에서 둥그렇게 휘돌리는 움직임이다.

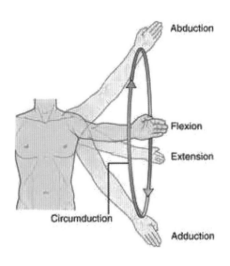

휘돌리기(circumduction)

    이와 같이 견 관절에서는 견갑골의 얕고 넓은 관절와(glenoid fossa) 덕분에 관절 운동도 다양하지만, 운동 범위도 넓다. 그렇기 때문에 부상의 위험에 많이 노출되어 있다는 점을 유념해야 한다. 특히, 어린아이의 손을 양옆에서 엄마와 아빠가 잡고 아이를 드는 행위는 자제해야 한다.

어린아이의 어깨 관절에서 탈골 위험이 있습니다!

B : 흉견갑 관절(scapulo-thoracic joint)에서의 운동

이상에서, 견 관절에서의 운동을 살펴보았다. 상체의 움직임, 특히 팔을
움직이기 위해서는 순수한 견 관절의 운동만으로는 불가능하다. 반드시 견갑골이
정상적인 기능을 해주어야만 자유로운 상체의 표현이 가능해진다. 그렇다면,
견갑골에서는 어떠한 운동들이 있는가?

우선, 견갑골의 운동을 이해하기 전에, 그 위치부터 파악해야 한다.

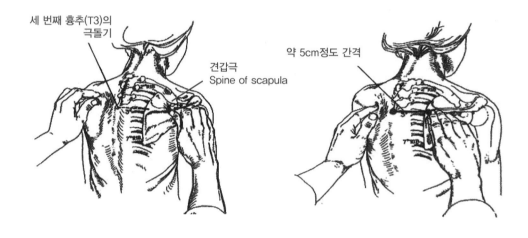

견갑골 위치

견갑골은 두 번째 늑골부터 일곱 번째 늑골 위에 자리 잡고 있으며, 견갑극(spine
of scapula)은 세 번째 흉추의 극돌기로부터 약 5cm 정도 양쪽 옆으로 떨어져 있다.
다시 말해, 견갑골은 척추와는 거리를 두고 있으며, 오히려 상완골(humerus)에
연결되어 팔의 다양한 움직임을 수행하는 데 있어 매우 중요한 역할을 담당한다.

흉견갑 관절에서의 운동은 다음과 같다: 거상(elevation)과 하강(depression), 전인 (protraction)과 후인(retraction), 그리고 상방 회전(upward rotation)과 하방 회전 (downward rotation)이다.

1. 거상(elevation)과 하강(depression)

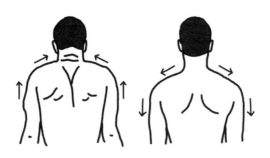

거상(elevation)과 하강(depression)

견갑골을 위로 들어 올리는 운동인 어깨 거상(elevation)은 '어깨 으쓱'으로도 표현된다. 어깨를 으쓱하기 위해서는 상부 승모근(upper trapezius)과 견갑거근 (levator scapular)이 주동근으로 움직인다. 특히, 견갑거근은 근육의 명칭에서도 알 수 있듯이, 견갑골을 들어 올리는 중요한 기능을 담당한다.

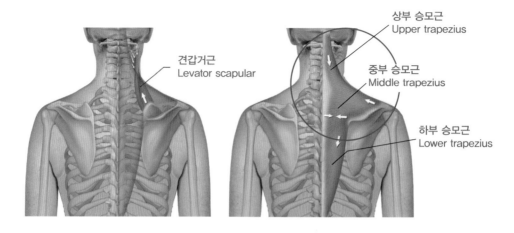

견갑거근(levator scapular) 상부 승모근(upper trapezius)

뿐만 아니라, 머리가 앞으로 쑥 빠져 거북목이 되지 않도록 경추의 정렬을
맞추는 기능을 하기 때문에, 이 근육의 근력 강화 훈련이 매우 중요하다.
무용인들뿐만 아니라 스마트폰을 많이 보는 현대인들이 '어깨 으쓱' 운동을 해야
하는 이유이다.

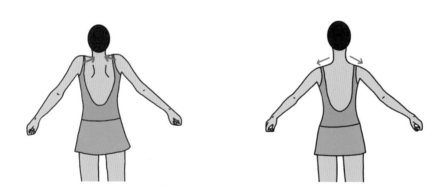

어깨 으쓱 운동 《Shrug》

(상부 승모근을 결을 따라 "으쓱" 올리며 수축시키고, 천천히 이완시키는 동작을 반복한다.)

견갑골을 아래로 내리는 어깨 하강(depression) 운동은 주로 하부 승모근(lower trapezius)이 맡아서 하는데, 무용인들은 지나치게 어깨를 내려서 문제가 생긴다.

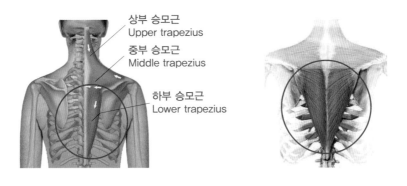

하부 승모근(lower trapezius)

어깨 하강은 중력에 의해서도, 혹은 나이가 들면서 견갑골이 저절로, 조금씩 내려가게 되어 있다. 그런데 대다수의 무용인들은 오직 목이 조금이라도 길어 보이게 하려고 무리하게 견갑골을 짓누른다. 그렇게 되면 견갑골의 관절와에서 만성적인 어깨 충돌이 생길 뿐 아니라, 어깨 주변 관절 테두리의 연부 조직이 짓눌리게 되어 손상을 입게 된다.

그렇기 때문에 견갑골을 수직 하강시키는 것이 아니라, 하부 승모근의 결대로 견갑극에서부터 흉추의 4번째에서 12번째 방향으로(T4~T12) 수축시키게 되면, 어깨를 짓누르지 않고 자연스럽게 견갑골이 척추의 중심선 쪽으로 살짝 당겨지면서, 등이 양옆으로 쫙~ 펴진 느낌이 들게 된다.

이때, 어깨는 Relax!

하부 승모근 운동: Floor Y-raise 운동

그런데, 더 큰 문제는 무용수들의 견갑골에서 종종 비대칭이 관찰된다는 점이다.

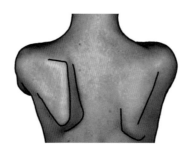

(뒷면에서 본 그림)

견갑골 비대칭(scapular asymmetry)

여러 가지 원인들이 있겠지만, 우선 정렬이 맞지 않은 상태에서 Barre를 붙들고, Barre에 의지하여 무리하게 반복적으로 연습을 했다던가? 아니면, 많은 무용수들이 승모근을 싫어하기 때문에 짓눌러서 그 기능이 부분적으로 혹은 한쪽만 약해졌기 때문이지 않을까? 의심된다. 아니면, 올바른 호흡법을 몰라서, 숨을 들이마실 때 어깨가 올라갔다가 한쪽만 제자리로 내려가지 못하고 경추 부위에 머무르면서 변형이 되었나? 아니면, 척추 측만 때문인가? 아니면 골반 후굴로 인한 척추 후만 때문인가???

아무튼, 이렇게 올라갔다가 내려오지 못한, 견갑골 때문에, 외견상으로 목이 짧게 보이거나, 심지어는 승모근이 물갈퀴의 막처럼 보이게 되는 경우가 있다 (Hoppenfeld, p. 5). 꼬리에 꼬리를 무는 악순환이다…

몇 년 전에 어느 학생으로부터 들은 얘기가 생각난다. 대학 입시 전에 목이 길어 보이게 하려고 승모근을 사용하지 못하도록 무슨 주사를 맞고서는 팔을 사용하지 못해 오랫동안 고생을 많이 하였다고 한다… **세상에!(OMG!)** 우리 무용계에서는 정말 끔찍한 일이 많이도 일어난다. 이게 이럴 일이던가??? 승모근에 무슨 주사인지는 모르겠지만, 절대 맞지 말고, 오히려 승모근을 잘 활용하여 확장된 상체의 움직임을 연출해 보면 어떨까? 제안해 본다.

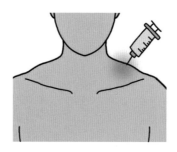

상부 승모근에 주사 맞으면 "절대" 아니되옵니다!

2. 전인(protraction)과 후인(retraction)

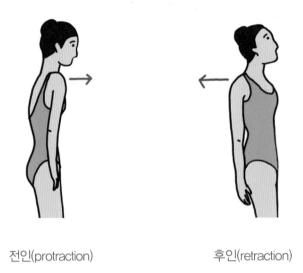

전인(protraction)   후인(retraction)

견갑골에서의 전인(protraction) 운동을 위해서는 전거근(serratus anterior)이
주동근으로 사용된다.

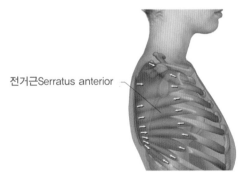

전거근Serratus anterior

전거근(serratus anterior)

전거근의 중요성에 대해서는 아무리 강조를 하여도 지나치지 않다. 전거근은 여덟 번째 혹은 아홉 번째까지의 갈비뼈 외곽에서부터 시작하여 견갑골 안쪽 중심선 가장자리에 정착되어 있는 근육으로, 호흡은 물론, 팔을 앞으로 뻗거나 위로 들어 올릴 때 주요 역할을 한다.

특히, 상대방에게 펀치를 날리는 동작을 주로 하는 복싱 선수들에게서 가장 많이 발달되는 근육으로 '복싱 선수의 근육(Boxer's Muscle)'이라고도 불리지만, 무용인들이나 혹은 일반인들이 전거근 근력 강화 훈련을 아무리 심하게 한다고 하여도 복싱 선수들처럼 크게 발달되지는 않는다. 그러나 견갑골의 안정성과 팔을 움직이기 위해서는 전거근부터 느끼면서 동작을 수행하는 것이 매우 중요하다.

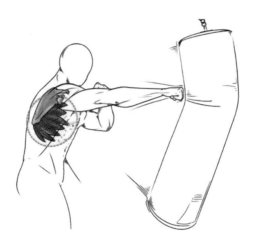

전거근(serratus anterior): Boxer's Muscle
(일명, '복싱 선수의 근육'이라고도 불림.)

다음은, 후인(retraction) 운동인데, 양쪽 어깨를 뒤로 젖혀 차렷 자세가 되도록 하는 동작으로, 능형근(rhomboid)이 주동근 역할을 한다.

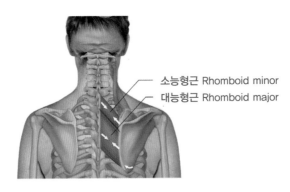

뒷면에서 본 그림

능형근(rhomboid)

경추 7번에서부터 흉추 5번까지(C7~T5) 극돌기에서 시작하여 견갑골의 안쪽 가장자리에 정착되어 있는 능형근의 수축으로 견갑골은 척추의 중심선 쪽으로 당겨지게 된다. 능형근에서의 문제는 주로 오랜 시간 앉아서 컴퓨터 작업을 하는 사무원들이나, 혹은 테니스 선수들과 같이 팔을 무리하게 사용하는 체육인들에게 발생된다. 능형근은 견갑골의 안정성 있는 자세를 유지하기 위해 중요한 핵심이 되는 근육으로 정상적 기능을 할 수 있는 근력 강화 훈련이 반드시 필요하다.

3. 상방 회전(upward rotation)과 하방 회전(downward rotation)

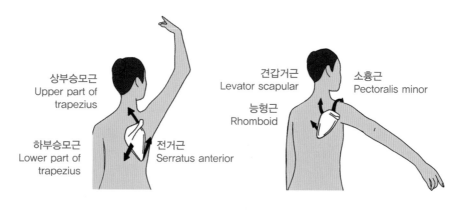

상방 회전(upward rotation)　　　하방 회전(downward rotation)

견갑골의 상방 회전을 위해서는 ①상부 승모근 ②전거근 ③하부 승모근이,
하방 회전을 위해서는 ①소흉근 ②견갑거근, 그리고 ③능형근이 주동근으로
역할을 담당한다. 여기서 주목할 근육은 소흉근(pectoralis minor)으로 몸통 뒤쪽의
하부 승모근과 역학적으로 연결되어 있어 견갑골의 오훼돌기(coracoid process)를
몸통 전면의 아래와 안쪽(약간 비껴 아래 사선방향 중심 쪽으로)으로 당겨 견갑골
하방 회전을 돕는다.

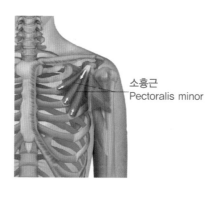

(앞면에서 본 그림)

소흉근(pectoralis minor)

그러나 골반이 후굴되어 있어 흉추가 후만 경사되어 있는 무용수들에게는
소흉근이 단축 고정되어 견갑골이 안쪽으로 말리는, 즉 굽은 어깨(rounded shoulder)
가 되기 쉽기 때문에 소흉근이 단축되는 일이 없도록 "적절하게" 이완시켜 주어야
견갑골의 안정성을 유지할 수 있게 된다.

발레 무용수들에게서 주로 관찰되는 굽은 어깨(rounded shoulder): 소흉근이 수축되어 있다.

이상에서 살펴보았듯이, 견갑골에서는 팔의 위치 변화를 조정하기 위해 매우
다양하며 넓은 범위의 움직임을 수행할 수 있다. 이러한 운동성을 최대한 발휘하기
위해서는 견갑골의 안정성 있는 중립의 위치를 유지하여야 한다. 왜냐하면
견갑골의 안정성(stability)이 보장받을 수 있어야 운동성(mobility)도 증가될 수 있기
때문이다. 견갑골의 안정성 유지를 위해 관절 주변 근육들의 균형 있는 상호보완적
긴장이 요구된다.

견갑골의 안정성 있는 위치를 결정하는 데 있어, 4가지 근육들이 "X" 모양의
당기는 힘을 형성한다.

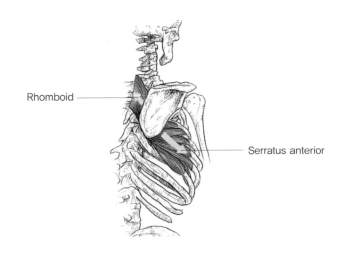

능형근(rhomboid)과 전거근(serratus anterior)

"X"의 한 축은 능형근(rhomboid)과 전거근(serratus anterior)이 형성한다.

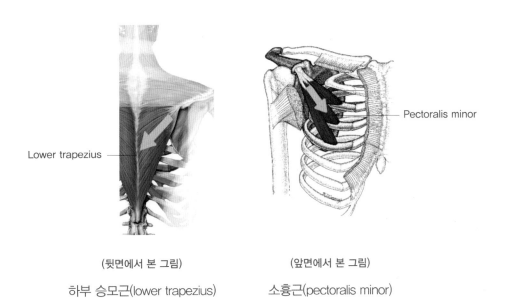

(뒷면에서 본 그림)

하부 승모근(lower trapezius)

(앞면에서 본 그림)

소흉근(pectoralis minor)

"X"의 또 다른 한 축은 몸통 뒤에서는 하부 승모근(lower trapezius)과 몸통 앞에서는 소흉근(pectoralis minor)이 형성한다. 이 네 근육들의 균형 있는 긴장이 통합적으로, 서로 보완적으로 기능하여야 한다. 만약, 이러한 상호작용에 있어 균형이 깨진다면 여러 가지 문제가 발생하게 된다.

견갑골의 안정성을 유지하기 위한 여러 가지 운동들이 많이 있겠지만, 나는 '플랭크(plank)'를 적극 추천한다. 이 운동 또한 세심한 주의를 요하지만, 운동을 하기 전에 전문가의 도움을 받아 시도해 보길 바란다.

팔꿈치로 바닥을 밀면서 버틴다.   손바닥으로 바닥을 밀면서 버틴다.

플랭크(plank)

플랭크는 등척성(isometric) 운동으로 근육 길이의 변화 없이 버티면서, 단련시키고자 하는 근육들에 집중하는 운동으로, 견갑골 주변의 근육들뿐만 아니라, 척추 기립근과 복근 강화에도 크게 도움이 된다.

팔꿈치나 혹은 손바닥으로 지면을 밀 때에 견갑골이 새 날개(winging)처럼 되지 않도록 주의해야 한다. 전거근(serratus anterior)이 약할 경우에는 익상 견갑(winging scapular)이 된다…

무용수들에게는 부상을 미리 예방하고, 어려운 테크닉을 무리없이 수행하기 위하여 기본적으로 해야 할 기초 근력 강화 훈련이 참으로 많다! 축구선수 손흥민 아버지가 "기본", "기본" 하는 이유이다! 제발이지, 기본을 무시한 채, 기교만을 부리려고 하지 말기를 바란다…

"기교가 아니라, 기본이다!"

(참조: 제 20회 Somatic Ballet® Pedagogy Workshop, http://www.somaticballet.com)

참고문헌

Autere, A. (2013). *The Feeling Balletbody: Building the Dancer's Instrument According to BalletbodyLogic*. Pittsburgh, PA: Dorrance Publishing Co., Inc.

Bartenieff, I., & Lewis, D. (2002). *Body Movement: Coping with the Environment*. New York, NY: Routledge.

Cohen, B. B. (2012). *Sensing, Feeling, and Action: The Experiential Anatomy of Body-Mind Centering*(3rd ed.). Toronto, ON: Contact Editions.

Dowd, I. (1981). *Taking Root to Fly: Articles on Functional Anatomy*(3rd ed.). New York, NY: Irene Dowd.

Eddy, M. (2016). *Mindful Movement: The Evolution of the Somatic Arts and Conscious Action*. Bristol, UK: Intellect Books.

Gray, R. (2023). 인간은 어떻게 움직임을 배우는가(장연창, 장은욱, 한범연, 역). 서울: 코치라운드. (2021).

Grieg, V. (1994). *Inside Ballet Technique: Separating Anatomical Fact from Fiction in the Ballet Class*. Highstown, NJ: Princeton Book Company.

Grossman, G. (2015). *Dance Science: Anatomy, Movement Analysis, Conditioning*. Highstown, NJ: Princeton Book Company.

Hackney, P. (2002). *Making Connections: Total Body Integration through Bartenieff Fundamentals*. New York, NY: Routledge.

Hartley, L. (1995). *Wisdom of the Body Moving: An Introduction to Body-Mind Centering*. Berkeley, CA: North Atlantic Books.

Hoppenfeld, S. (2020). 척추와 사지의 검진(영문사 편집부, 역). 서울: 영문출판사. (2009).

Lee, D. (2015). 골반거들: 검진과 치료를 위한 임상 소견과 연구의 통합(Cyriax 정형의학 연구회 외, 역). 서울: 엘스비어코리아. (1999).

Myers, T. (2014). 근막경선 해부학: 자세 분석 및 치료(Cyriax 정형의학 연구회 외, 역). 서울: 엘스비어코리아. (2014).

Romita, N., & Romita, A. (2016). *Functional Awareness: Anatomy in Action for Dancers*. New York, NY: Oxford University Press.

Simmel, L. (2014). *Dance Medicine in Practice: Anatomy, Injury Prevention, Training*. New York, NY: Routledge.

김경희. (2021). 마음으로 하는 발레 공부. 서울: 성균관대학교 출판부.

_____. (2022). 생각하는 몸, 발레하는 몸. 서울: 성균관대학교 출판부.

수피. (2016). 헬스의 정석: 근력운동 편. 서울: 한문화.

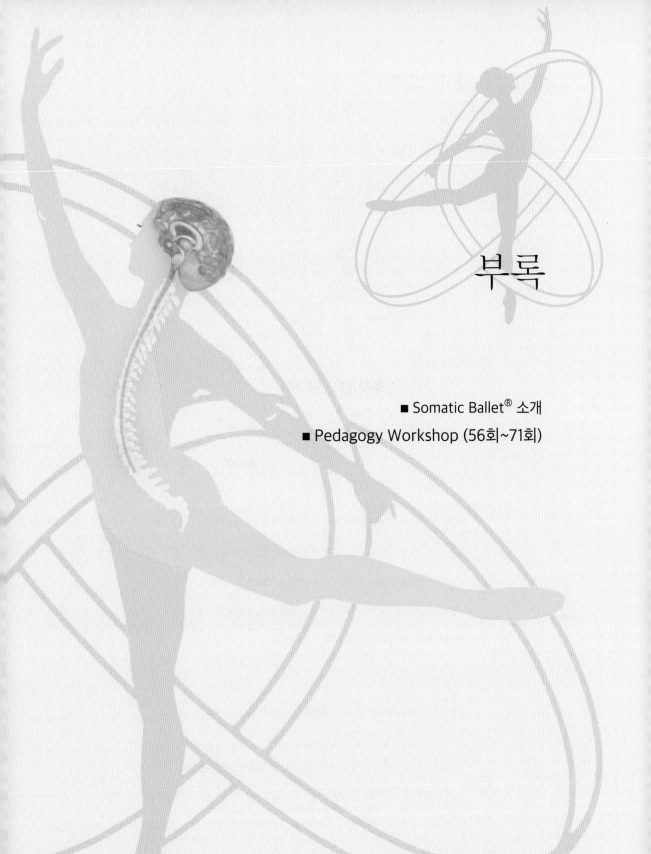

부록

Somatic Ballet® 소개

소매틱 발레 연구회
Somatic Ballet® Studies

Since 2017

Mission Statement

We endeavor to improve the performance skills of all ballet
dancers through somatic movement education.

소매틱 발레 연구회는 소매틱 움직임 교육을 통해 발레 무용수의
수행능력을 증진시키고자 합니다.

Value

We value the process of creating healthy and happy lives of
all ballet dancers.

소매틱 발레 연구회는 발레 무용수의 건강하고 행복한 삶을 창조해
나가는 과정을 소중하게 생각합니다.

Logo

The logo was designed to represent the dynamic alignment of a ballet dancer in three—dimensional process of continuous fluctuation between Stability and Mobility to maintain balance.

The color "pink", a symbol of a spiritual marriage between the body and mind, signifies good health.

The möbius strip, a symbol for infinity, surrounding a dancer embodies the values to understand the Mother Nature's Law in the one, long, continuous side.

본 로고는 안정성과 기동성 간의 끊임없는 파동의 3차원적 과정 안에서 균형을 유지하고자 하는 발레 무용수의 역동적인 몸의 정렬을 의미합니다.

핑크 색깔은 몸과 마음의 영적인 결합을 상징하며, 질병이 없는 건강한 상태를 의미합니다.

뫼비우스의 띠는 한계가 없는 무한함을 상징하며, 무용수 주변을 둘러싸고 있는 뫼비우스의 띠는 안과 밖을 구별할 수 없는 연속적인 자연의 법칙에 순응하고자 함을 의미합니다.

기본 원리

"**BRACED**"란 Breathe, Relax, Align, Connect, Expect, and Dance의 각 단어 머리글자를 딴 두문자어(acronym)이다. 'braced'의 사전적 의미는 "넘어지지 않도록 대비된, 혹은 준비된"으로 해석되는데, "미병선방(未病先防)" – 질병이 아직 발생하기 전에 여러 가지 예방조치를 취함으로써 질병의 발생을 방지한다 – 과 같은 맥락으로, '다치지 않도록 고안된' 원리이다.

1. Breathe
   : 호흡을 잘하다.

2. Relax
   : 몸과 마음의 긴장을 풀다.

3. Align
   : 신체를 정렬하다.

4. Connect
   : 몸과 마음을 연결하다.

5. Expect
   : 바라는 바를 기대하다.

6. Dance
   : 행복하게 춤추다.

학습 방법

Ⅰ. 4 Ss

1. Slow

    : 천천히 해보다.

2. Small

    : 작게 해보다.

3. Simple

    : 단순하게 해보다.

4. Smooth

    : 자연스럽게 해보다.

Ⅱ. W – P – W

1. Whole

    : 전체적으로 해보다.

2. Part

    : 부분적으로 해보다.

3. Whole

    : 종합적으로 해보다.

소매틱 발레의 교육적/치료적
혜택은 무엇입니까?

1. 자기 성찰을 통하여
   자신의 몸을 자각하게 됩니다.
2. 자기 주도하에
   자신의 몸을 탐구하게 됩니다.
3. 자신의 몸에 맞도록
   자기 조절이 가능해집니다.
4. 체득(體得)함으로써
   자기 치유가 가능해집니다.

"남과 비교하지 않습니다."

"경쟁하지 않습니다."

"Non-Judgement."

"No Cheating Allowed."

Somatic Ballet® 교육 과정

I. Programs

1. 학습 과정
   (Somatic Ballet Class)

2. 지도자 과정
   (Certified Teacher Training Course)

II. 지도자를 위한 교육내용

1. Labanotation (Kinetography Laban)

   : 30 hrs or more

2. Laban Movement Analysis/
   Bartenieff Fundamentals

   : 30 hrs or more

3. Applied Body Systems

   : 45 hrs or more

4. Pedagogy Workshops

   : 45 hrs or more

https://somaticballet.com/

Guidelines

DOs 👍	DON'Ts 👎
• Do optimal breathing.	
• Release unnecessary tension.	• Copy your teacher.*
• Find your plumb line. (ideal alignment)	• Compete with others.
• Push the floor away.* (feel grounded)	• See only your feet.*
• Find your lumbar curve and cervical curve.	• Grip your buttock muscles.
• Pull apart the sitting bones in plié.*	• Try East−West(180°) turn−out.*
• Do lateral shift first before you transfer your weight.	• Turn−out in frog position.*
• Walk by psoas muscles.	• Force & Bounce when you stretch.
• Jump with the spine.*	• Push the heels even more forward in plié.*
• Dynamic(Active) stretch before class.	• Twist your pelvis when you do arabesque.
• Static(Passive) stretch after class.	• Die Hard!
• Enjoy 'Dancing'.	

Erroneous Verbal Cues
• Hold your breath.
• Tighten your buttocks.*
• Tuck under.
• Hold your tummy in.*
• Push your heels forward.*
• Turn−out your feet.
• Turn−out your knees.
• Put your leg straight to the side.*
• Put your arms straight to the side.*
• Pull−up*
• Ribs in, chin up.*
• Try to make your spine straight vertical line.
• Pull down your shoulders.**

* Autere, A. (2013). *The Feeling Balletbody: Building the Dancer's Instrument According to BalletBodylogic.* Pittsburgh, PA: Dorrance Publishing Co., Inc., pp. 7−15.

* Kim, K. (2016). Somatic Perspectives on Ballet Pedagogy. *Dance Research Journal of Korea*, 74(5), 17−31.

* Kim, K. (2017). A Study of Principles for Somatic Movement Education/Therapy. *Dance Research Journal of Korea*, 75(1), 21−36.

** Grieg, V. (1994). *Inside Ballet Technique.* Princeton Book Co. Publishers, p. 75.

가이드라인

하십시오 👍	하지 마십시오 👎
• 자신에게 맞는 최적의 호흡을 하십시오. • 불필요한 긴장을 푸십시오. • 자신의 plumb-line을 찾으십시오. • 발바닥으로 지면을 지그시 누르며, 자신이 지면 위에 있음을 온전히 느끼십시오. • 자신의 경추커브와 요추커브를 확인하십시오. • 플리에를 할 때에, 사진의 Sitz Bones가 양옆으로 벌어지도록 하십시오. • 5번이나, 1번에서 한 발로 무게중심을 옮길 때에는 반드시 지지하는 발 쪽으로, 즉 옆으로 먼저 무게 중심을 옮긴 후, 다음 동작을 실행하십시오. • 보행 시, 장요근(psoas muscles)을 먼저 생각하십시오. • 점프 시, 척추를 공중으로(위로) 띄운다고 생각하십시오. • 수업 전에는 동적 스트레치를, 수업 후에는 정적 스트레치를 하십시오. • 행복한 마음으로 춤을 즐기십시오!	• 선생님을 따라 하려고(모방) 하지 마십시오. • 다른 사람과 경쟁하려고 하지 마십시오. • 자신의 발만을 응시하지 마십시오. • 엉덩이 근육을 쪼이지 마십시오. • 180° turn-out은 **절대** 하지 마십시오. • 수업 전, 개구리 자세로 스트레치 하지 마십시오. (turn-out과는 아무 상관이 없습니다!) • 스트레치를 할 때에 무리하게 힘을 주면서 bounce를 하지 마십시오. • 플리에를 할 때에, 뒤꿈치를 앞으로 밀지 (보내지) 마십시오. • arabesque를 할 때에 골반을 바깥으로 뒤집지 마십시오. • 죽도록 하지 마십시오!

잘못된 지시어	
• 숨 참어! • 엉덩이를 집어넣고! • 뒤꿈치 앞으로! • 무릎 턴 아웃! • 팔을 완전 옆으로! • 갈비뼈 집어넣고, 턱은 들고!	• 엉덩이를 쪼이고! • 똥배(배) 집어넣고! • 발바닥 턴 아웃! • 다리를 완전 옆으로! • 풀−업! • 척추를 수직으로 일자로! • 어깨 내리고!**

* Autere, A. (2013). *The Feeling Balletbody: Building the Dancer's Instrument According to BalletBodylogic.* Pittsburgh, PA: Dorrance Publishing Co., Inc., pp. 7−15.

* 김경희. (2016). 소매틱 관점에서의 발레 교수법 연구. **대한무용학회 논문집**, 74(5), 17−31.

* 김경희. (2017). 소매틱 움직임 교육/치료를 위한 기본 원리 연구. **대한무용학회 논문집**, 75(1), 21−36.

** Grieg, V. (1994). *Inside Ballet Technique.* Princeton Book Co. Publishers, p. 75.

무용부상을 재촉하는 아주 좋은 방법들
(The Great Ways to hasten "Dance Injuries")

- 빨리 배워서, 급히 시작하려 한다.

- 정확하지 않게 반복적으로 연습을 한다.

- 너무 빨리 기술을 습득하려고 강도 높게 연습을 한다.

- 같은 동작을 같은 방법으로, 매일같이 연습을 한다.

- 너무 빨리 근육을 강화시키는 연습을 한다.

- 근육의 피로가 미처 회복되지 않은 상태에서 쉴 새 없이 연습을 한다.

- 균형 잡히지 않은 식단으로 심하게 다이어트를 한다.

Certified Teachers

1기

김윤수
Yoonsoo Kim
성균관대학교 초빙교수
Visiting Professor, Sungkyunkwan University

서고은
Koeun Seo
성균관대학교 겸임교수
Adjunct Professor, Sungkyunkwan University

2기

김윤선
Yoonseon Kim
성균관대학교 겸임교수
Adjunct Professor, Sungkyunkwan University

이영주
Youngjoo Lee
성균관대학교 초빙교수
Visiting Professor, Sungkyunkwan University

3기

김수혜
Suhye Kim
성균관대학교 강사
Lecturer, Sungkyunkwan University

4기

김세용
Seyong Kim
웨스턴 미시건 대학교 교수
Professor, Western Michigan University

김유미
Yoomi Kim
마인드 앤 바디 필라테스 대표
Director, 'Mind & Body Pilates' in New York

5기

장수진
Sujin Chang
성균관대학교 겸임교수
Adjunct Professor, Sungkyunkwan University

임수민
Sumin Lim
성균관대학교 일반대학원 석박사통합과정
Combined Master-Ph. D. Course, Sungkyunkwan University

6기

| 마리아나 헤레라 | 코스타리카 국립대학교 교수 |
| Mariana A. Herrera | Professor, Escuela de Danza, Universidad Nacional de Costa Rica |

7기

| 유영서 | 성균관대학교 일반대학원 석사과정 |
| Yeongseo Yu | Master Course, Sungkyunkwan University |

| 정지형 | 성균관대학교 일반대학원 석사과정 |
| Jihyung Jeong | Master Course, Sungkyunkwan University |

| 황수하 | 성균관대학교 일반대학원 석사과정 |
| Sooha Hwang | Master Course, Sungkyunkwan University |

8기

| 김지유 | 성균관대학교 일반대학원 석사과정 |
| Jiyu Kim | Master Course, Sungkyunkwan University |

| 박진현 | 성균관대학교 일반대학원 석사과정 |
| Jinhyun Park | Master Course, Sungkyunkwan University |

| 이차연 | 성균관대학교 일반대학원 석사과정 |
| Chayeon Lee | Master Course, Sungkyunkwan University |

| 원다빈 | 성균관대학교 일반대학원 석사과정 |
| Dabin Won | Master Course, Sungkyunkwan University |

9기

| 안예슬 | 성균관대학교 일반대학원 석사과정 |
| Yeseul Ahn | Master Course, Sungkyunkwan University |

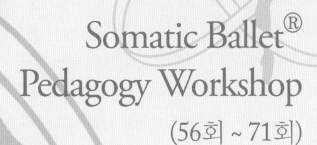

Somatic Ballet® Pedagogy Workshop
(56회 ~ 71회)

taught by KyungHee Kim (Ph.D., CMA, RSDE)
Place: Studio 1(#62201), SungKyunKwan University

제 56회 SOMATIC BALLET® PEDAGOGY WORKSHOP

Date: November 16 (Wed.), 2022, 9:00 AM

Theme: How to Port de bras exercises in sitting & standing position

Goal: To integrate the spinal rotators in practicing Port de bras exercises

Guidelines:

1. 항상 모든 움직임은 '골반'에서부터 시작해야 한다. 즉, 골반이 허리를 움직이게 하고, 차례로 가슴을 움직이게 한 다음, 이어서 목을 움직인다.

2. Lumbar curve를 유지한다.

3. 머리가 움직임을 주도하지 않도록 한다.

4. 모든 가동범위의 동작을 빨리 수행하려고 하지 말고, 천천히 척추 하나하나의 움직임(특히, spinal rotators의 움직임)을 느껴보도록 하는 것이 중요하다.

5. 시선은 자연스럽게, 척추의 움직임에 따라 '수동적'으로 움직여야 한다.

6. 서서 Port de bras를 할 때에도, 앉아서 체득한 근육의 감각을 기억하며 동작을 수행한다.

Reference:

Rotatores muscles. (2020, December 17). Wikipedia. Retrieved November 14, 2022, from https://en.wikipedia.org/wiki/Rotatores_muscles

제 57회 SOMATIC BALLET® PEDAGOGY WORKSHOP

Date: December 8 (Thurs.), 2022, 9:00 AM ~ 10:50 AM

Theme: 상지선(Arm Lines)

Goal: To move your arms functionally and expressively

Contents:

I. 전방 상지선(Front Arm Lines)

    A. 심부(Deep)

    B. 표면(Superficial)

〈 전방(Front) 〉

구분 \ 경로	근육(근막) 주행경로
A. 심부 (Deep)	① 소흉근(pectoralis minor) ② 상완이두근(biceps muscle of arm) ③ 요골 골막 아래 측부 인대 ④ 엄지손가락 외측
B. 표면 (Superficial)	① 대흉근(pectoralis major) / 광배근(latissimus dorsi) ② 손과 손목의 굴곡근 그룹 ③ 손목터널 ④ 손과 손가락의 바닥

A. 심부 전방(Deep Front)

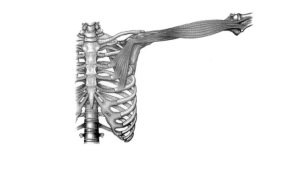

(p. 193, 그림 7.5)

(p. 197, 그림 7.11)

B. 표면 전방(Superficial Front)

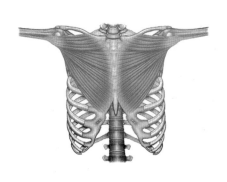

(p. 197, 그림 7.12)

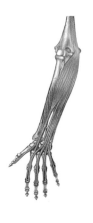

(p. 199, 그림 7.16 A)

II. 후방 상지선(Back Arm Lines)

A. 심부(Deep)

B. 표면(Superficial)

〈 후방(Back) 〉

구분＼경로	근육(근막) 주행경로
A. 심부 (Deep)	① 견갑거근(levator scapular)과 능형근(rhomboids) ② 회전근개 근육(rotator cuff muscles) ③ 상완삼두근(triceps muscle of arm) ④ 척골 골막을 따라 측부 인대 ⑤ 새끼손가락 외측
B. 표면 (Superficial)	① 승모근(trapezius) ② 삼각근(deltoid) ③ 신전근 그룹 ④ 손가락의 손등면

A. 심부 후방(Deep Back)

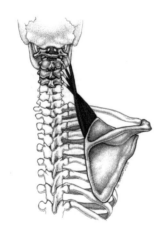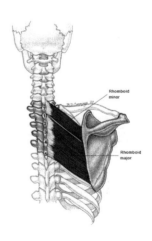

견갑거근   능형근

(Wikipedia)

회전근개

(Wikipedia)

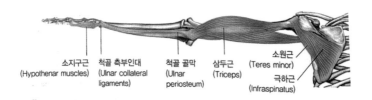

소지구근
(Hypothenar muscles)

척골 축부인대
(Ulnar collateral
ligaments)

척골 골막
(Ulnar
periosteum)

삼두근
(Triceps)

소원근
(Teres minor)

극하근
(Infraspinatus)

(p. 202, 그림 7.23)

B. 표면 후방(Superficial Back)

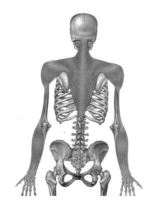

(p. 203, 그림 7.25)

Reference:
Myers, T. W. (2014). 근막경선 해부학(Cyriax 정형의학연구회 외, 역). 서울: 엘스비어코리아.

제 58회 SOMATIC BALLET® PEDAGOGY WORKSHOP

Date: January 19 (Thurs.), 2023, 9:00 AM ~ 10:50 AM

Theme: Muscle Contractions (Ⅰ) — Isotonic Training

Goal: To prevent Dance(Ballet in particular) Injuries

Contents:

1. Isotonic (the length of the muscle changes.)

    a. concentric contraction (shortening)

    b. eccentric contraction (lengthening)

2. Eccentric Training

    — focuses on slowing down the process of muscle elongation in order to

    challenge the muscles, which can lead to

    1) stronger muscles

    2) faster muscle repair

    3) increasing metabolic rate

    — provides a braking mechanism for muscles & tendon groups

    — protects joints from damage as the contraction is released

★★★ particularly good for casual & high performance athletes(ballet dancers),

    elderly & patients for their rehabilitation

Exercises

1. for knee joint

    ① quadriceps (extension)

    ② hamstrings (flexion)

2. for ankle & foot joint

    ① tibialis anterior (dorsi flexion)

    ② gastrocnemius & soleus (plantar flexion)

3. for hip joint

    ① iliopsoas / rectus femoris (flexion)

    ② gluteus maximus / hamstrings (extension)

    ③ gluteus medius (abduction)

    ④ 5 adductors (adduction)

    ⑤ 6 hip rotators (turn-out)

4. for lumbar spine

    ① abdominals (flexion)

    ② erector spinae (extension)

5. for shoulder joint

    ① supraspinatus & deltoid (abduction)

    ② pectoralis (major & minor) (flexion)

    ③ latissimus dorsi (extension & adduction)

    ④ biceps & triceps (horizontal abduction & horizontal adduction)

제 59회 SOMATIC BALLET® PEDAGOGY WORKSHOP

Date: February 16 (Thurs.), 2023, 9:00 AM ~ 10:50 AM

Theme: Muscle Contractions (II) − Isometric Exercises

Goal: To prevent Dance(Ballet in particular) Injuries

Contents:

1. Isometric: No movement(the length of the muscle does **Not** change.)

2. Isometric Exercises : ★ to help build muscles

      ① strength

      ② balance

      ③ range of motion

      ★ particularly good for injury avoidance

3. Isometric Exercises

Wall Sit

High Plank

Side Plank

Low Squat

Overhead Hold

Glute Bridge

V-sit

Calf raise & hold

References:

Move of the Week: wall sit. (n.d.). Purdy's Wharf Fitness Club. Retrieved February 9, 2023, from https://www.pwfitness.ca/move-of-the-week-wall-sit/

Merrell, R. (2022, June 22). *How To Do A High Plank To Activate Those Vital Core Muscles.* mbgmovement. https://www.mindbodygreen.com/articles/high-plank

Plank Variations: Side Plank. (n.d.). DrShillingford. Retrieved February 9, 2023, from https://www.drshillingford.com/blog/plank-variations-side-plank-12064.html

Dean, D. (n.d.). *Image of sport woman in gray waist shorts sportswear with sneakers and track shooters.* shutterstock. https://www.shutterstock.com/ko/image-photo/image-sporty-athletic-woman-sneakers-tracksuit-1019200021

Overhead *Dumbbell Press.* (n.d.). Muscleandfitness. Retrieved February 9, 2023, from https://www.muscleandfitness.com/exercise/workouts/shoulder-exercises/overhead-dumbbell-press/

The Top Benefits of Glute Bridges. (n.d.). Vision Quest. Retrieved February 9, 2023, from https://visionquestcoaching.com/articles/the-top-benefits-of-glute-bridges

Pompi, B. (2019, February 28). *9 Best Core Exercises For Beginners To Get SIX Packs ABS.* Fitpass. https://fitpass.co.in/blog/best-core-exercises-for-six-packs-abs

Guillem, R. (n.d.). *Single Leg Standing Calf Raise (Dumbbell) – How to Instructions, Proper Exercise Form and Tips.* HEVY. https://www.hevyapp.com/exercises/how-to-single-leg-standing-calf-raise-dumbbell/

제 60회 SOMATIC BALLET® PEDAGOGY WORKSHOP

Date: May 10 (Wed.), 2023, 7:30 AM ～ 10:00 AM

Theme: Ronds de jambe en dehors & en dedans

Goal: How to challenge "rond de jambe en dehors en l'air" <u>from</u> à la seconde

<u>to</u> arabesque

Guide Lines:

1. 지탱하고 있는 다리(supporting leg)와 움직이는 다리(working leg)가 균등한 힘으로, 마치 물속에서 수영하듯이, 골반이 약간 앞으로 기울어지면서, 움직이는 다리를 뒤로 보낸다(to arabesque).

2. 이때, 키 높이는 유지시켜야 하며, 움직이는 다리의 엄지발톱(big toenail)이 상상의 지면 높이에서 하나의 선을 그리듯이 뒤로 가야 한다(to arabesque).

3. 앞(devant)에서 옆(à la seconde)으로 갈 때에는 "out"을, 옆에서 뒤(derrière)로 갈 때에는 다리가 "inward rotation"된다는 점에 주목하여야 한다.

4. 놀랍게도, 움직이는 다리가 앞에서 옆으로, 옆에서 뒤로 가는 동안, 무릎이 향하고 있는 방향에는 변동이 없다.

5. 또한, ASIS(Anterior Superior Iliac Spine) 정렬에도 변동이 없다.

6. "en dedans"은 오히려 더 쉽게 할 수 있다. 'turn-in' 되었던 다리를 'turn-out' 함으로써 골반을 정상의 위치(neutral vertical alignment)로 되돌릴 수 있다.

Note:

우리는 발레 학습에 있어서 필요 이상으로 시간과 에너지를 소모하고 있다.
우리의 몸을 필요 이상으로 힘들게 한다는 의미이다.

"Do it Efficiently!"

"Be Smart!"

References:

Autere, A. (2013). *The Feeling Balletbody: Building the Dancer's Instrument According to BalletbodyLogic.*
　　Pittsburgh, PA: Dorrance Publishing Co., Inc, p. 254.

Skrinar, M., & Clarkson, P. M. (1988). *Science of dance training.* Champaign, IL: Human Kinetics,
　　p. 269.

제 61회 SOMATIC BALLET® PEDAGOGY WORKSHOP

Date: May 31 (Wed.), 2023, 9:00 AM ~ 12:50 PM

Theme: Static Stretching vs Pandiculation

Goal: To find a safe & pleasant way of stretching

FAQs: 1. 왜? 스트레치를 매일 하여도 근육이 늘어나지 않습니까?

　　　 2. 왜? 맨날 아픕니까? 왜? 다칩니까?

　　　 3. 그러면, 어떻게 해야 합니까?

Answer: 대신에, 기지개를 켜십시오!

무용부상으로 가는 지름길

1. 정확하지 않게, 반복적으로 연습한다.

2. 너무 빨리 기술을 습득하려고 강도 높게 연습한다.

The best way to retrain the muscle memory effectively

by reducing the level of tension in the muscles

is Pandiculation.

Static Stretching	Pandiculation
근육과 건, 그리고 인대를 늘어뜨려, 관절을 느슨하게 만듦으로써, 자신의 몸이 유연해졌다는 착각을 일으키게 함.	근육의 긴장을 풀어주는 가장 자연스러운 움직임. 'gamma loop'가 reset 되면서 근육의 긴장이 저절로 조절되면서 감소된다. 즉, 자연스럽게 편안해진다(Relax)는 설명이다.
	과사용으로 인한 근육의 만성적 긴장을 풀어주어 무용수들이 보다 정확하고, 안전하게 자신의 몸을 재교육시킬 수 있도록 해준다.
수동적이며, 일시적이다.	자율적이며, 점차적으로 좋아진다.

References:

Warren, S. (2021, September 21). *How clinical somatics prevents injuries and enhances training for ballet dancers.* Somatic movement center. https://somaticmovementcenter.com/ clinical-somatics-prevents-injuries-and-enhances-training-for-ballet-dancers/

Peterson, M. (2019, March 3). *Stretching Vs. Pandiculation.* [Video]. EssentialSomatics. https://www.youtube.com/ watch?v=Bu47eJ-VNNI&t=15s

제 62회 SOMATIC BALLET® PEDAGOGY WORKSHOP

Date: June 1 (Thurs.), 2023, 9:00 AM ~ 12:50 PM

Theme: 무릎 부상(Knee Injuries)

Goal: To prevent Ballet Injuries (I)

Contents:

Q1: 무용수, 특히 발레 무용수들에게서 흔히 관찰되는 세 가지 대표적 무릎 기형(deformity)은 무엇이며, 그 원인은 무엇입니까?

Q2. 이로 인해, 무용수들은 어떠한 부상을 당할 수 있으며, 무릎 부상 예방을 위한 주요 근력 운동은 무엇입니까?

1. 굴곡(flexion)

2. 신전(extension)

3. 외회전(external rotation)

4. 내회전(internal rotation)

제 63회 SOMATIC BALLET® PEDAGOGY WORKSHOP

Date: June 5 (Mon.), 2023, 9:00 AM ~ 10:50 AM

Theme: 발목과 발 부상(Injuries of Ankle and Foot)

Goal: To prevent Ballet Injuries (Ⅱ)

Contents:

Q1: 무용수들에게서 흔히 관찰되는 발목과 발가락에서의 변형은 무엇이 있으며, 그 원인은 무엇입니까?

Q2: 이로 인해, 무용수들에게 일어날 수 있는 부상은 어떤 것이 있으며, 예방책은 무엇입니까?

    A: 족 관절(ankle joint)에서의 운동

        1. 배측 굴곡(Dorsi flexion)

        2. 족저 굴곡(Plantar flexion)

    B: 거골하 관절(subtalar joint)에서의 운동

        1. 내반(Inversion)

        2. 외반(Eversion)

    C: 종족 관절(mid-tarsal joint)에서의 운동

        1. 전족부 내전(Fore-foot adduction)

        2. 전족부 외전(Fore-foot abduction)

제 64회 SOMATIC BALLET® PEDAGOGY WORKSHOP

Date: August 7 (Mon.), 2023, 9:00 AM ~ 10:50 AM

Theme: 엉덩관절(고관절) 부상(Hip Injuries)

Goal: To prevent Ballet Injuries (Ⅲ)

Contents:

Q1: 무용수들에게서 관찰되는 고질적인 비정상적 골반 변형은 무엇이며, 그 원인은 무엇입니까?

Q2: 골반 후굴(pelvic posterior tilt)로 인해 무용수들은 어떠한 부상을 당할 수 있는지요? 고관절 부상 예방을 위한 주요 근력 강화 훈련은 무엇입니까?

1. 굴곡(flexion)

2. 신전(extension)

3. 외회전(external rotation)과 내회전(internal rotation)

4. 외전(abduction)과 내전(adduction)

제 65회 SOMATIC BALLET® PEDAGOGY WORKSHOP

Date: August 8 (Tues.), 2023, 9:00 AM ~ 10:50 AM

Theme: 허리(요추) 부상과 목(경추) 부상(Injuries of Lumbar spine and Cervical spine)

Goal: To prevent Ballet Injuries (IV)

Contents:

Q1: 무용수들의 허리 부상과 목 부상을 초래하는 고질적 기형은 무엇이며, 그 원인은 어디에 있는가요?

Q2: 이렇게 되면, 요추와 경추에서 어떠한 문제가 생길 수 있는지요? 예방책은 무엇인가요?

    A: 허리 부상과 예방

        1. 굴곡(flexion)

        2. 신전(extension)

        3. 외측 굴곡(lateral flexion)

        4. 회전(rotation)

    B: 목 부상과 예방

        1. 굴곡(flexion)

        2. 신전(extension)

        3. 외측 굴곡(lateral flexion)

        4. 회전(rotation)

제 66회 SOMATIC BALLET® PEDAGOGY WORKSHOP

Date: August 9 (Wed.), 2023, 9:00 AM ~ 10:50 AM

Theme: 어깨 부상(Shoulder Injuries)

Goal: To prevent Ballet Injuries (Ⅴ)

Contents:

Q1: 무용수들, 특히 발레 무용수들의 어깨에서 주로 어떠한 기형들이
관찰되며, 그 원인은 무엇이고, 결국에는 어떤 부상을 당하게 되는가?

Q2: 그렇다면, 어깨에서의 정상적인 관절 운동과 운동 범위는 어느 정도인가?

    A: 견 관절(gleno-humeral joint)에서의 운동

       1. 외전(abduction)

       2. 내전(adduction)

       3. 굴곡(flexion)

       4. 신전(extension)

       5. 외회전(external rotation)과 내회전(internal rotation)

       6. 수평 내전(horizontal adduction)과 수평 외전(horizontal abduction)

       7. 휘돌리기, 혹은 원회전(circumduction)

    B: 흉 견갑 관절(scapulo-thoracic joint)에서의 운동

       1. 거상(elevation)과 하강(depression)

       2. 전인(protraction)과 후인(retraction)

       3. 상방 회전(upward rotation)과 하방 회전(downward rotation)

제 67회 SOMATIC BALLET® PEDAGOGY WORKSHOP

Date: August 10 (Thurs.), 2023, 9:00 AM ~ 10:50 AM

Theme: Understanding of Muscle Spindle(근방추) &

Golgi Tendon Organs(골지건 기관)

Goals: – To prevent Injuries while you are stretching the muscles

– To use your muscles Safely & Effectively

Contents:

1. What is the difference between 'Muscle Spindle' and 'Golgi Tendon Organs'?

2. What is PNF stretching?

→ PNF(Proprioceptive Neuromuscular Facilitation) Stretching

: '고유감각 수용근 촉진' 스트레칭

★★★Guideline

→ 근방추와 골지건은 보다 안전하고, 효율적인 스트레치가 가능하도록 도와줍니다.

처음부터 심하게 스트레치를 하지 말고, 약 50% 정도 'pre-stretch'를 하고 약 7초~10초 정도 지나면, 우리의 뇌에서 스트레치의 가동범위를 조금씩 허락합니다.

뇌에서 허락하는 만큼만 스트레치 하십시오. [연습 전에는 동적 스트레치 (Dynamic Stretch)와 함께 하십시오!] (참조: Autere, p. 186)

→ 각 근육을 개별적으로 "고립"시켜서 하는 근력 운동보다는 근육과 인대에 여러 변수를 가해주는 '통합적인' 운동이 근육 내부와 주변의 지지근막

발달에 도움을 준다. 따라서 "..., 같은 동작을 같은 방법으로 매일같이 실시하면, 부하가 실리는 근막의 어떠한 특정한 경로만 훈련이 되며, 부하를 받지 않는 부분이나, 트레이닝 되지 않은 부분, 그리고 균형 잡히지 않은 주변 근막은 그대로 남겨지게 되면서, 다른 각도의 움직임 패턴이 왔을 때에는 부상을 야기하게 된다"(Myers, p. 260).

	Muscle Spindle	Golgi Tendon Organ
기능	근육 길이의 변화를 감지한다. → 지나치게 늘어나지 못하도록 근육이 수축(contraction)된다.	근육 긴장의 변화를 감지한다. → 지나치게 긴장하지 못하도록 건(tendon)이 이완(relaxation)된다.
반사 작용	신장 반사 (Stretch Reflex)	역신장 반사 (Inverse Stretch Reflex)
억제 작용	상호 억제 (reciprocal inhibition)	자가 발생 억제 (autogenic inhibition)

References:

Autere, A. (2013). *The Feeling Balletbody: Building the Dancer's Instrument According to BalletbodyLogic*. Pittsburgh, PA: Dorrance Publishing Co., Inc.

Myers, T. (2014). 근막경선 해부학: 자세 분석 및 치료(Cyriax 정형의학 연구회 외, 역). 서울: 엘스비어 코리아. (2014).

제 68회 SOMATIC BALLET® PEDAGOGY WORKSHOP

Date: August 14 (Mon.), 2023, 9:00 AM ~ 10:50 AM

Theme: Understanding of "Fascia"

Goals: 1. To be Vital, Elastic, & Dynamic

      2. To prevent Dance Injuries

Contents:

1. What is "Fascia"?

2. Why is "Fascia" important?

3. Exercises (from Fascial Fitness®)[*1]

    − Fascial Release

    − Fascial Stretch

    − Re−bound Elasticity

    − Fluid Refinement

4. How to[*2]:

    → 근막에 규칙적이고, 균형 있게, 적절한 부하를 가해준다.

    → 근육의 내부나 주변의 지지근막 발달에 도움을 주는, 통합적으로
      협응해서 움직이는, '긴 키네틱 체인(long kinetic chains)' 트레이닝을 한다.
      (예, 케틀벨 운동, 로프 운동, 오르고 뛰어다니며 하는 운동 등)

    → '인대(ligaments)'를 강화시킬 수 있도록 충분한 시간을 갖고 훈련한다.

    → 근막 속에 숨겨져 있는 자기수용기(proprioceptors) 감각을 개선,
      함양시킨다.

    → 근막 탄성(fascial elasticity)을 함양시키는 운동을 한다. (예, '사전 스트레스
      (pre-stress)' 운동, 우상혁 선수가 '높이뛰기' 직전에 하는 동작들)

→ 근막의 발생학적 차이점(genetic differences)을 이해하여 다양한
    프로그램으로 훈련한다.

→ 근막 강화 훈련은 시간이 필요하다.

이유: ① 근막은 근육보다 혈액순환이 적기 때문에, 콜라겐(단백질) 형성이
        근육보다 훨씬 느리다.

    ② 심한 운동 후에는 콜라겐 손실이 생기는데, 손실된 콜라겐은
        약 48시간 이후부터 재합성되기 시작하여 약 72시간이 지나면 다시
        안정화를 찾게 된다.

    ③ 국소 근막 조직에 급속하게 스트레칭을 시키거나, 너무 빠르게 부하를
        주면 안 된다. 이는 국소부위조직의 쇠퇴를 가져오며 회복에는
        장시간이 필요하다. 때문에, 빨리 배워서 급히 시작하지 말고, 우선,
        천천히 시작하고, 그러고 나서 안전한 방법에서 신속하게 행해야
        한다.

References:
*1: Schleip, R. (2022, February 3). *Fascial Fitness(English)*. [Video]. Robert Schleip. https://www.youtube.com/watch?v=CdExgNmQoiM&t=23.
*2: Myers, T. W. (2014). 근막경선 해부학(Cyriax 정형의학연구회 외, 역). 서울: 엘스비어코리아. (2014), pp. 258-263.

제 69회 SOMATIC BALLET® PEDAGOGY WORKSHOP

Date: August 16 (Wed.), 2023, 9:00 AM ~ 10:50 AM

Theme: An Evolution in Ballet Class (Ⅰ)

Goal: How to apply/integrate "Joint−by−Joint Approach" into Dance

(Ballet in particular) Class

Purposes: − To enhance movement patterns

− To reduce dance injuries

Contents:

① What is "Joint−by−Joint Approach" by Gray Cook & Michael Boyle

②

Joint	Primary Need
Sub talar	Stability
Talo crural	Mobility
Knee	Stability
Hip	Mobility
Lumbar	Stability
Thoracic	Mobility
C1-C2	Mobility
C3-C7	Stability
Scapular	Stability
Gleno-humeral	Mobility
Elbow	Stability
Wrist	Mobility

※ A Vicious Cycle: 악순환의 고리

만약, • 발목에서의 Mobility가 부족할 경우 ;

　　　　무릎 통증 → 무릎 부상

　　• 고관절에서의 Mobility가 부족할 경우 ;

　　　　허리 통증 → 허리 부상

　　• 흉추에서의 Mobility가 부족할 경우 ;

　　　　목, 혹은 어깨, 심지어는 허리에 통증 → 부상

References:

Cook, G. (2010). *Movement: Functional Movement Systems*. California, CA: On Target Publications.

Boyle, M. (2016). *New Functional Training for Sports*. Champaign, IL: Human Kinetics.

제 70회 SOMATIC BALLET® PEDAGOGY WORKSHOP

Date: August 17 (Thurs.), 2023, 9:00 AM ~ 10:50 AM

Theme: An Evolution in Ballet Class (Ⅱ)

Goal: How to apply/integrate FRC® (Functional Range Conditioning) into

  Dance (Ballet in particular) Class

Purposes: — To improve the performance skills safely, efficiently, effectively,

   and easily

    — To prevent Ballet Injuries

Contents: — What is FRC® by Andreo Spina

    — Programs: • Kinstretch

        • PAILs & RAILs (Progressive Angular Isometric

          Loading & Regressive Angular Isometric Loading)

        • CARs (Controlled Articular Rotations)

  — What is CARs: Controlled Articular Rotations

  — What for: To improve the Mobility, not just the Flexibility of your joints

    → Mobility = Flexibility + Strength

    → Load 〉 Capacity =〉 Injury

     Capacity 〉 Load =〉 Prevention

《Controlled Articular Rotations》

(CARs)

※Exercises for:

① Ankle Joint

② Knee Joint

③ Hip Joint

④ Thoracic Spine (T1-T12)

⑤ Neck Joint

⑥ Scapulo−thoracic Joint

⑦ Gleno−humeral Joint

⑧ Elbow

⑨ Wrist

Note: **No "Cheating" allowed.**

Reference:

Ray, M. (2014, July 4). *Morning Routine – Functional Range Conditioning – Full Body CARs.* [Video].
   Melissa Ray Fitness. https://www.youtube.com/watch?v=AyJ3omVBIho.

제 71회 SOMATIC BALLET® PEDAGOGY WORKSHOP

Date: August 23 (Wed.), 2023, 9:00 AM ~ 10:50 AM

Theme: How does Walking affect Dancing?

Proposed Problem: 발레 무용수들, 어째 좀? 이상하게 걷지 않습니까???

정상 보행이 어려운데, 정상 발레가 가능하겠습니까?

Goal: Repatterning the Ballet Dancers' walking patterns

Contents:

1. 발레 무용수들에게서 주로 관찰되는 비정상적 보행은 어떤 종류들이
   있습니까?

   → 팔자 걸음 (일명, out-toed gait)

   → 평편족 보행 (flat-foot gait, or calcaneal gait)

   → 하수족 보행 (drop-foot gait)

   → 계상 보행 (steppage gait)

   → 측방 혹은 후방으로 씰룩씰룩, 혹은 뒤뚱뒤뚱 보행

   → back-knee gait

   → 진통 보행 (antalgic gait)

   → etc.

2. 비정상적 보행들에 대한 원인 분석

3. 정상적 보행을 위한 재교육

4. 보행 검사를 위한 판정 기준 (by Verne T. Inman)

   a. 양발 넓이(width of the base): 약 5~10cm

   b. Center of Gravity(S2 전방 약 5cm): 수직 방향(상, 하)으로 약 5cm 이내

   c. Toe-off (발끝 떼기)에서 Plantar Flexion 약 20°/ Knee Flexion 약 40°

   d. Lateral Shift of the COG: 약 2.5cm(한쪽 방향)

   e. Average Length of a step: 약 38cm

   f. 성인, 보통 보행 수: 약 90~120/ 1 min

   g. Swing Phase에서, 발을 디디는 쪽의 골반: 약 40° anterior tilt

      (받침점: 반대편에서 지지하는 다리의 대퇴골두)

References:

Ebraheim, N. (2014, January 24). *Trendelenburg Gait - Everything You Need To Know - Dr. Nabil Ebraheim.* [Video]. nabil ebraheim. https://www.youtube.com/watch?v=HE0lk5MVFEg&t=29s.

Hoppenfeld, S. (2020). 척추와 사지의 검진(영문사 편집부, 역). 서울: 영문출판사. (2009).

Michaud, T. (2015). 인간의 보행: 발과 보행 관련 질환의 보존적 치료(김성환, 역). 서울: 메디안 북. (2011).

Romita, N., & Romita, A. (2016). *Functional Awareness: Anatomy in Action for ,Dancers.* New York, NY: Oxford University Press.

보여주는 몸,
느끼는 몸
무용 부상의 예방

1판 1쇄 발행 2022년 11월 30일
1판 2쇄 발행 2025년 1월 31일

지은이 김경희
펴낸이 유지범
펴낸곳 성균관대학교 출판부
등록 1975년 5월 21일 제1975-9호

주소 03063 서울특별시 종로구 성균관로 25-2
대표전화 02)760-1253~4
팩시밀리 02)762-7452
홈페이지 press.skku.edu

ISBN 979-11-5550-607-3 93680